⊉⊦ **PEDAGOGIA DAS ENCRUZILHADAS** ⊦⊄

LUIZ RUFINO

Pedagogia das encruzilhadas

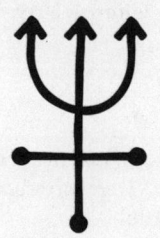

Copyright © Luiz Rufino.
Todos os direitos desta edição reservados
à MV Serviços e Editora Ltda.

REVISÃO
Marília Gonçalves

PROJETO GRÁFICO E DIAGRAMAÇÃO
Patrícia Oliveira

FOTO [ORELHA]
Fabio Caffé, tirada na exposição "Caminhos de Ogum — Estética e Identidade no subúrbio carioca", no Sesc Madureira. A obra que aparece ao fundo é "Oni T'irin" (senhor do ferro, em yorubá), do artista Alabê Ferramenta.

CIP-BRASIL. CATALOGAÇÃO NA PUBLICAÇÃO
SINDICATO NACIONAL DOS EDITORES DE LIVROS, RJ

R926p Rufino, Luiz, 1987
          Pedagogia das encruzilhadas / Luiz Rufino (1987).
        — Rio de Janeiro : Mórula Editorial, 2019.
          164 p. ; 21 cm.

          Inclui bibliografia, índice e anexo.
          ISBN 978-85-65679-92-3

          1. Educação. 2. Racismo. 3. Colonialismo. 4. Exu.
        5. Pedagogia alternativa. 6. Viveres afro-brasileiros. 7.
        Cultura afro-brasileira. I. Título.

2019-1192   CDD: 370
                             CDU: 37

R. Teotônio Regadas, 26 — 904 — Lapa — Rio de Janeiro
www.morula.com.br | contato@morula.com.br

NOTA INTRODUTÓRIA

UMA OFERTA. Um sacrifício arriado nas barras do tempo. Aí está um ebó cuspido nas esquinas do hoje. Uma política parida nos vazios, uma pedagogia que se tece nas invenções cotidianas. Iniciarei pelos cacos, por aquilo que em meio aos escombros permanece vivo. No final, já reerguidos, cantaremos que os caminhos são inacabados. Nesse tom, como quem cospe cachaça ao vento, digo: a encruzilhada não é mera metáfora ou alegoria, nem tão quanto pode ser reduzida a uma espécie de fetichismo próprio do racismo e de mentalidades assombradas por um fantasma cartesiano. A encruzilhada é a boca do mundo, é saber praticado nas margens por inúmeros seres que fazem tecnologias e poéticas de espantar a escassez abrindo caminhos. Exu, como dono da encruzilhada, é um primado ético que diz acerca de tudo que existe e pode vir a ser. Ele nos ensina a buscar uma constante e inacabada reflexão sobre os nossos atos. É por isso que nosso compadre é tão perigoso para esse mundo monológico e para uma sociedade irresponsável com o que se exercita enquanto vida. Nessa esquina me cabe dizer que hoje o espírito colonial se expressa em pleno vigor, cada vez mais "cruzadista", tacanho, tarado pelo terror e pelos assassinatos. Exu, ao contrário disso, é o radical da vida, que nos interpela sobre a capacidade de nos inscrevermos como beleza e potência. A sua face brincante, transgressora, pregadora de peças, é o contraponto necessário a esse latifúndio de desigualdade e mentira. Dono da porteira do mundo é ele a força vital a ser invocada para a tarefa miúda de riscar os pontos da descolonização.

ÍNDICE

9   A primeira pedra lançada

23   Yangí, Exu Ancestral:
o ser para além do desvio

33   O colonialismo venceu?

41   Obá Oritá Metá: a dúvida como possibilidade, sabedoria de fresta

47   Exu: traquinagem e estripulia, resiliência e transgressão necessária

55   Intérprete do mundo, a encruza e o preto velho

65   Axé e Exu: aquele que carrega o fundamento da vida

73   Para que e para quem uma Pedagogia das Encruzilhadas?

81   Cruzo, arte de rasura e invenção

87   Rolê e ebó epistemológico

97   Assentamento, terreiro e encruzilhada

107   Povo de Rua: praticar espaços e cuspir antidisciplinas

115   A Dobra da Palavra: marafundas coloniais,
o encanto contra a desmacumbização

127   O arrebate do corpo,
a ênfase no saber corporal

135   Tudo que a boca come:
incorporações e mandingas

149   Corpo Encruzilhada: das humilhações
ao enfrentamento mandingueiro

159   REFERÊNCIAS BIBLIOGRÁFICAS

A primeira pedra lançada

É CHEGADO O MOMENTO DE LANÇARMOS EM *CRUZO* as sabedorias ancestrais que ao longo de séculos foram produzidas como descredibilidade, desvio e esquecimento. Porém, antes, cabe ressaltar que essas sabedorias de fresta, encarnadas e enunciadas pelos corpos transgressores e resilientes, sempre estiveram a favor daqueles que as souberam reivindicar. Assim, me inspiro nas lições passadas por aqueles que foram aprisionados nas margens da história para aqui firmar como verso de encante a defesa de que a condição do *Ser* é primordial à manifestação do *Saber*. Os conhecimentos vagueiam mundo para baixar nos corpos e avivar os seres. Os conhecimentos são como orixás, forças cósmicas que montam nos suportes corporais, que são feitos cavalos de santo; os saberes, uma vez incorporados, narram o mundo através da poesia, reinventando a vida enquanto possibilidade. Assim, ato meu ponto: a problemática do *saber* é imanente à vida, às existências em sua diversidade.

A vida é o que importa e é por isso que reivindico nos caminhos aqui cruzados outro senso ético. A raça é a invenção que precede a noção de humanidade no curso da empreitada ocidental, o estatuto de humanidade empregado ao longo do processo civilizatório colonial europeu no mundo é fundamentado na destruição dos seres não brancos. Sigamos em frente sem recuar nenhum instante. A perspectiva agora não é mais a saída do mato a que fomos lançados para nos revelar como seres em vias de civilidade. Não assumiremos o repertório dos senhores colonizadores para sermos aceitos de forma subordinada em seus mundos; o desafio agora é cruzá-los, "imacumbá-los", avivar o mundo com o axé (força vital) de nossas presenças.

A saída do mato a partir de um processo civilizatório e sua agenda de dominação é para os seres aprisionados pela raça uma *marafunda* — mentira e sopro de má sorte — que cristaliza o ser na condição vacilante de racializado. A orientação pela encruzilhada expõe as contradições desse mundo cindido, dos seres partidos, da escassez e do desencantamento. As possibilidades nascem dos *cruzos* e da diversidade como poética/política na emergência de novos seres e na luta pelo reencantamento do mundo.

Não sairemos do mato[1], as mentiras contadas pelas bocas malfeitoras não nos seduzem, somos capoeiras (mato rasteiro), as nossas sabedorias são de fresta, somos corpos que se erguem dos destroços, dos cacos despedaçados e inventam outras possibilidades no movimento inapreensível da ginga. Nessa perspectiva, a invenção de um projeto poético/político/ético que opere no despacho do *carrego colonial* (obra e herança colonial) e na desobsessão de toda sua má sorte será aqui cuidadosamente tecida como uma tática de guerrilha do conhecimento. Essa estratégia de luta tem como principal meta atacar a supremacia das razões brancas e denunciar seus privilégios, fragilidades e apresentar outros caminhos a partir de referenciais subalternos e do *cruzo* desses com os historicamente dominantes.

A estratégia da Pedagogia das Encruzilhadas, como guerrilha epistêmica, é seduzi-los para que eles adentrem o mato. Lá, ofereço a todos uma casa de caboclo. Ah, camaradinhas, a mata é lugar de encantamento, é lá que serão armadas as operações de fresta que tacarão *fogo no canavial*. Os espelhos do *narcisismo europeu* (Fanon, 2008) serão quebrados sem nenhum temor de azar, esperamos muito tempo, agora é olho no olho. Desculpem o peso das palavras. Nós brasileiros expurgamos o espírito

---

[1] Ver Fanon (2008).

guerreiro dos tupinambás, habitantes de nossas terras, para nos convertermos à complacência e à resignação do *ethos* cristão-católico; porém, vos digo que os tupinambás continuam a baixar nos nossos terreiros, saravando as nossas bandas, preparando nossos corpos para a batalha. Haveremos de reivindicar as nossas lutas ancestrais para que essas nos inspirem nas demandas do hoje. Nesse sentido, me arrisco na amarração do seguinte verso: não há enfrentamento e transgressão ao colonialismo que não assuma posições contundentes e comprometidas com o combate ao cárcere racial (enclausuramento e desvio do ser) e às suas produções de injustiça cognitiva.

Assim, a descolonização[2] deve emergir não somente como um mero conceito, mas também como uma prática permanente de transformação social na vida comum, é, logo, uma ação rebelde, inconformada, em suma, um ato revolucionário. Por mais contundente que venha a ser o processo de libertação, é também um ato de ternura, amor e responsabilidade com a vida. A colonização acarreta o destroçamento dos seres subordinados a esse regime, os colonizados, mas também a bestialização do opressor, o colonizador. Sobre a colonização não se ergue civilização, mas sim barbárie. Dessa forma, inscreve-se o fato de, a partir desse acontecimento, emergir também a necessidade da invenção de novos seres. Assim escrevo: resiliência = reconstrução tática a partir dos cacos despedaçados pela violência colonial; transgressão = invenção de novos seres para além do cárcere racial, do desvio e das injustiças cognitivas.

É nessa perspectiva que se torna necessário desatarmos o aperto da moral e da hipocrisia que nos encarna ao baixar em nós o *ethos* cristão. A rebeldia como um ato parido de nosso inconformismo com as injustiças é

---

[2] Ao longo dessa obra o termo descolonização será reivindicado não como a subtração da experiência colonial, mas como ação que encarna força utópica, política e pedagógica para a transgressão da obras/efeitos/heranças coloniais (colonialidade) e a remontagem do seres/saberes em prol de outro projeto mundo. Assim, a descolonização, aqui empregada, preserva os sentidos *fanonianos* e compartilha também dos princípios da decolonialidade. Assim, ao longo do texto descolonização e decolonialidade aparecerão imbricadas como parte de um mesmo processo e ação.

também uma ação de esperança que comunga do ideal da descolonização. Em nossas condições existenciais e históricas, não há razão para termos pudor de discutir a violência, posto que convivemos com este fenômeno desde que fomos "descobertos", transformados em peças da engrenagem do maquinário capitalista e inventados como Novo Mundo. A colonização é uma engenharia de destroçar gente, a descolonização, não somente como conceito, mas enquanto prática social e luta revolucionária, deve ser uma ação inventora de novos seres e de reencantamento do mundo.

Sendo assim, é nossa responsabilidade assumir a emergência e a credibilização de outros saberes, diretamente comprometidos, agora, com o reposicionamento histórico daqueles que os praticam. Nessa perspectiva, emerge outro senso ético/estético; os saberes que cruzam a esfera do tempo, praticando nas frestas a invenção de um mundo novo, são aqueles que se encarnam na presença dos seres produzidos como *outros*. Firmemos nossas respostas combatendo a baixa estima que nos foi imposta; a problemática do conhecimento é fundamentalmente étnico-racial.

Eis a cumeeira da modernidade, sustentada sobre os pilares da raça, do racismo e do Estado-Nação, a energia desse espectro continua a nos afetar. Lançados a essa demanda, haveremos de jogar o jogo, fomos produzidos como desvio, como seres vacilantes e aí inventamos a ginga, sapiência do *entre*, para lançar movimentos no vazio deixado. Os seres submetidos às lógicas de opressão desse sistema são inventores dos jogos de corpo, palavra e ritmo. Tomado pela cadência da *vadiação* (invenção lúdica e sabedoria de fresta), farei o meu jogo praticando alguns giros e negaças, plantando ponta-cabeça. Assim, inverto algumas posições, cruzo algumas noções para fazer outros caminhos — essa é a potência da transformação assente nas encruzilhadas.

Seguindo caminhos por encruzilhadas[3], existe ainda outra via conceitual que também deve ser atravessada, a colonialidade. Esse fenômeno, que prefiro chamar de *marafunda* ou *carrego colonial*, compreende-se como sendo a condição da América Latina submetida às raízes mais profundas do

---

[3] Ver Martins (1997). A seminal contribuição de Leda Maria Martins destaca encruzilhada como dimensão que tece a cultura e as identidades afro-brasileiras.

sistema mundo racista/capitalista/cristão/patriarcal/moderno europeu e às suas formas de perpetuação de violências e lógicas produzidas na dominação do ser, saber e poder. É necessário, para isso, destacar que os efeitos de desencantamento desencadeados pela colonialidade produzem bloqueios na comunicação entre os povos latino-americanos. Todavia, é apostando na potência do *cruzo* e praticando o exercício de *dobrar a linguagem* — ações de ampliação de outras formas de comunicação — que firmarei que a colonialidade nada mais é do que o *carrego colonial*. Ou seja, a má sorte e o assombro propagado e mantido pelo espectro de violência do colonialismo.

A noção de encruzilhada emerge como disponibilidade para novos rumos, poética, campo de possibilidades, prática de invenção e afirmação da vida, perspectiva transgressiva à escassez, ao desencantamento e à monologização do mundo. A encruza emerge como a potência que nos possibilita estripulias. Nesse sentido, miremos a descolonização. Certa vez, uma preta velha me soprou ao ouvido: "Meu filho, se nessa vida há demanda, há também vence-demanda". Dessa forma, se a colonialidade emerge como o *carrego colonial* que nos espreita, obsedia e desencanta, a descolonização ou decolonialidade emerge como as ações de desobsessão dessa má sorte.

Entoavam os velhos *cumbas* nas *plantations* de café da região do Vale do Paraíba: "Tanto pau de lei no mato, embaúba é coroné, embaúba é coroné! Carreiro tumba, carreiro tumbambá, barata na parede não deixa a gente sossegar". As populações negro-africanas nas Américas já dobravam as palavras e enunciavam com a força de seus corpos os chamados discursos pós-coloniais e desferiam as ações de descolonização. O meu verso se ata em tom de provocação, porém, camaradinhas, lhes digo: sobre a linearidade histórica ou sobre o rigor dos termos, agora pouco nos importa, o que vale para nós aqui é o teor das flechas atiradas pela boca ou o tamanho do tombo que levará aqueles que nos golpeiam.

E aí eu pergunto: quem vai dizer que Fanon não é encarnado por um velho cumba? Os cumbas são os conhecedores dos segredos e potências das palavras, que nesse caso é também corpo, hálito e saliva envoltos ao ritmo, elementos propiciadores de invenção e mobilizadores de energia vital. São eles os mestres que sabem as *mumunhas* das invenções através do verso. A eles podemos dedicar a máxima "as palavras têm poder". De fato, elas têm. A palavra não se limita a ser veiculadora dos sentidos, a palavra é carne, é materializadora da vida, propiciadora dos acontecimentos. Os cumbas são poetas feiticeiros, encantadores de mundo através do verso. A virada linguística, elementar para a constituição da crítica ao colonialismo, pode ser também entendida como sendo a *dobra na palavra* performatizada pelos múltiplos saberes praticados na banda de cá do Atlântico.

A narrativa inventora do mundo, a partir do advento da modernidade ocidental, produz presença em detrimento do esquecimento. Se engana quem pensa que a história é uma faculdade que se atém somente àquilo que deve ser lembrado, a história, como um ofício de tecer narrativas, investe fortemente sobre o esquecimento. Assim, é na perspectiva da produção da não presença da diversidade que se institui uma compreensão universalista sobre as existências. Somos "oficialmente" paridos para o mundo a partir da empreitada colonial, do projeto de dominação exercido pelo ocidente europeu. América Latina, Brasil, África — o que isso tem a nos dizer sobre a nossa condição?

Seres vacilantes, desvios existenciais, no Brasil a categoria raça é o elemento político que fundamenta o caráter da exploração e dominação colonial. "Raça", "racismo" e "Estado-nação" — é nesses três termos que também se expressam as formas da colonialidade do ser, saber e poder, que se cospe a marafunda colonial a ser desatada. Assim, camaradinhas, ato o ponto: América Latina, Brasil e África, aterros que guardam as sobras da edificação da Europa e do mundo ocidental.

Porém, ato outro verso que vai buscar quem mora longe, indo mais ao fundo para mostrarmos as "calças curtas" da linearidade histórica e de sua produção monológica sobre o mundo. Onde estavam os tupinambás, os aimarás, os quicongos, os iorubás, os xavantes, os quíchuas, o povo da mina, na chamada Idade Antiga ou Idade Média? Teremos de fazer como certa vez me ensinou um jongueiro: "meu filho, havemos de cismar com as coisas do mundo". O desafio nos demanda outros movimentos, mirando uma virada linguística/epistemológica que seja implicada na luta por justiça cognitiva e pela pluriversalização do mundo. Devemos credibilizar gramáticas produzidas por outras presenças e enunciadas por outros movimentos para, então, praticarmos o que, inspirado em Exu e nas suas encruzilhadas, eu chamo de *cruzo*.

A ancestralidade é a vida enquanto possibilidade, de modo que ser vivo é estar em condição de encante, de pujança, de reivindicação da presença como algo credível. A morte, nesse sentido, não está vinculada simplesmente aos limites da materialidade, mas se inscreve como escassez, perda de potência, desencante e esquecimento. Assim, recorro à máxima cunhada por um catedrático da rua[4] quando me disse que "tem muito vivo que tá morto e muito morto que tá mais do que vivo!".

Da passagem pelo portal do não retorno nos portos da banda de lá, dos suicídios, do banzo, dos genocídios, da zoomorfização, da transformação do ser em mineral e sua laminação nos rolamentos dos colonialismos até a transformação do homem-metal em homem-moeda, base estruturante do primeiro capitalismo[5]. Não à toa, o Atlântico foi nomeado pelas populações negro-africanas que o atravessaram como "calunga grande". Se vocês não sabem o que é a calunga grande, eu vos digo: é o termo utilizado para designar o oceano como o "grande cemitério".

O grande cemitério que, a princípio, separava mundos foi o elemento propulsor do não esquecimento. Saindo de lá, o que estava cravado para os que foram atravessados era a perspectiva do não retorno. Para os que ficaram do lado de lá restava a memória dos ancestrais que saíram para não retornar. Para aqueles que atravessaram a calunga grande ficam as memórias de outro tempo a serem reivindicadas para substanciar a invenção de uma nova vida. A presença negro-africana nas bandas ocidentais do Atlântico, nas Américas, é marca do devir-negro no mundo, mas é também uma marca inventiva da reconstrução da vida enquanto possibilidade produzida nas frestas, em meio à escassez, e na transgressão de um mundo desencantado. A ancestralidade como sabedoria pluriversal ressemantizada por essas populações em diáspora emerge como um dos principais elementos que substanciam a invenção e a defesa da vida.

---

[4] Seu Tranca Rua das Almas.
[5] Ver Mbembe (2014).

Combater o esquecimento é uma das principais armas contra o desencante do mundo. O não esquecimento é substancial para a invenção de novos seres, livres e combatentes de qualquer espreitamento do poder colonial. É nesse sentido que firmo meu verso: o não esquecimento, a invocação, a incorporação, o alargamento do presente, o confiar da continuidade e do inacabamento passado de mão em mão compartilhado em uma canjira espiralada é o que entendemos enquanto ancestralidade, que emerge no contexto de nossas histórias como uma política anticolonial.

Assim, o que surge como elemento a ser credibilizado não é a emergência de uma noção que suavize as violências praticadas pela empresa colonial, mas sim a emergência de outro horizonte filosófico, orientado pelo princípio da ancestralidade. A dimensão do ancestral está imbricada à imanência do ser, fundamenta tanto uma ontogênese, como também uma ontologia. A natureza elementar dos seres, como as suas potências, converte-se em ações de transgressão dos limites da colonialidade. Os constructos "raça" e "humanidade", elementos que fundamentam uma alteridade produtora de desigualdades e injustiças, devem ser enfrentados, transgredidos e transmutados perspectivando novos atos de responsabilidade com a vida em toda a sua esfera.

Torna-se necessário, dessa forma, invocarmos as sabedorias ancestrais, porque, ao emergirem, ao serem manifestadas como práticas de saber, elas trazem as presenças daqueles que compõem junto conosco os giros dessa canjira espiralada que é a vida. A invocação da ancestralidade como um princípio da presença, saber e comunicações é, logo, uma prática em encruzilhadas. Afinal, a própria noção de encruzilhada é um saber praticado ancestralmente que aqui é lançado como disponibilidade para novos horizontes que reivindicam a sofisticação de um mundo plural, pujante e vigoroso, contrário e combativo ao desencanto do mundo.

A encruzilhada é o principal conceito assente nas potências do orixá Exu, que transgride os limites de um mundo balizado em dicotomias. A tara por uma composição binária, que ordena toda e qualquer forma de existência, não dá conta da problemática dos seres paridos no *entre*. A existência pendular, a condição vacilante do ser é, a princípio, o efeito daquilo que se expressa a partir do fenômeno do *cruzo*. Assim, ato a provocação: aquilo que a agenda colonial buscou produzir como um sistema de controle da vida, a partir de uma ordem pautada nos binarismos, acarretando a redução das complexidades, é fragilmente salientado por uma leitura a partir da gramática poética das encruzilhadas.

Para os seres paridos na esquina da modernidade, seres/saberes assentes na poética das encruzilhadas, o que pulsa e dá o tom do acabamento na reivindicação da vida é a máxima que circula nos terreiros que diz: "a encruzilhada é o umbigo do mundo". A normatização do mundo em um esquema binário é mais uma *marafunda colonial*, considerando que a própria Europa nunca foi versada em uma única banda. Assim, ressalto que, quando lanço a minha crítica à modernidade, faço sobre aquilo que o seu projeto de dominação colonial reivindica ser. Ou seja, a mentira propagada por séculos envolta num véu de pureza que dissimula o caráter devastador, legitimado a partir de uma política de invenção do *outro* como parte a ser dominada para a ascensão da civilização. Eis que se ergue o que chamo de *marafunda, assombro* e *carrego colonial*.

É por meio da recusa da condição de imobilidade propagada por esses efeitos que devemos transgredir os seus parâmetros. Dessa maneira, é necessário não se deixar apreender, praticar o que sugiro conceitualmente, inspirado na sapiência corporal dos capoeiras, como *rolê epistemológico*, para então lançarmos a flecha: o que é o mundo? Não podemos aceitar que o mundo esteja destinado unicamente à esfera da humanidade completamente desumana, seja pela negação dos seres incutidos sob a lógica do desvio, ou pela bestialização daqueles que acreditam ser distintos, a partir do regimento dessa lógica.

A encruzilhada emerge como elemento fundamental nesse processo, uma vez que a noção de restituição é ponto central na possibilidade de inscrição de uma nova história. Essa que deve vir a ser construída, implicada com a invenção de novos seres e no acabamento do mundo pautado pela responsabilidade com a justiça. Praticar a encruzilhada nos aponta como caminho possível a exploração das fronteiras, aquelas que, embora tenham sido construídas *a priori* para cindir o mundo, nos revelam a trama complexa que o codifica. A perspectiva analítica lançada pelo conceito de encruzilhadas me possibilita escarafunchar as frestas, esquinas, dobras, interstícios, cantar as impurezas, a desordem e o caos próprios das estripulias-efeitos elegbarianos.

A modernidade ocidental como uma encruzilhada emerge não apenas para expor os limites e contradições da produção de um mundo binário, produtor de escassez e desencanto, mas se lança para reivindicar a encruzilhada como conceito para lermos o mundo, a partir das potências de Exu, que é por excelência o espírito que a encarna e a mobiliza. A encruzilhada-mundo emerge como horizonte para credibilizarmos as ambivalências, as imprevisibilidades, as contaminações, as dobras, atravessamentos, os não ditos, as múltiplas presenças, sabedorias e linguagens, ou seja, as possibilidades. Afinal, a encruza é o umbigo e também a boca do mundo, é morada daquele que tudo come e nos devolve de maneira transformada.

A encruzilhada não é aqui reivindicada para negar a presença da modernidade ocidental, mas para desencadeirá-la do seu trono e desnudá-la, evidenciando o fato de que ela é tão parcial e contaminada quanto as outras formas que julga. O conceito de encruzilhada combate qualquer forma de absolutismo, seja os ditos ocidentais, como também os ditos não ocidentais. A potência da encruzilhada é o que chamo de *cruzo*, que é o movimento enquanto sendo o próprio Exu. O *cruzo* é o devir, o movimento inacabado, saliente, não ordenado e inapreensível. O *cruzo* versa-se como atravessamento, rasura, cisura, contaminação, catalisação, bricolagem — efeitos exusíacos em suas faces de Elegbara e Enugbarijó. O *cruzo* é a rigor uma perspectiva que mira e pratica a transgressão e não a subversão, ele opera sem a pretensão de exterminar o outro com que se joga, mas de engoli-lo, atravessá-lo, adicioná-lo como acúmulo de força vital.

Assim, a encruzilhada nos possibilita a transgressão dos regimes de verdade mantidos pelo colonialismo. A manutenção desses regimes balizados na ordenação de um mundo cindido contribui para a perpetuação das injustiças cognitivas praticadas a todos aqueles desviados, uma vez que existir plenamente é ser credível e ter a vida enquanto possibilidade de fartura e encantamento. Em sentido contrário, as injustiças operadas na destituição ontológica dos seres atacam diretamente a diversidade que compõe o mundo. O universalismo pregado como mote de um modelo de consciência e razão totalitária, produtor do desvio existencial/coisificação dos seres, é também o elemento propulsor da destruição de saberes praticados durante séculos.

A encruzilhada e seus *cruzos* são a própria potência de Exu. Assim, o fenômeno é o próprio princípio explicativo do conceito. A descolonização não pode se limitar a se banhar na beirada. Para uma virada do conhecimento que combata de forma incisiva as injustiças cognitivas/sociais produzidas ao longo do tempo, haveremos de nos arriscar em mergulhos mais profundos. O desencadeiramento, o tombo na ladeira, o "tapa sem mão" contra os privilégios da supremacia branca são, a meu ver, inevitáveis, uma vez que ações como essas, de caráter transgressivo, operaram nas frestas. Fica evidente que resiliência e transgressão não são novidades em nossas bandas; porém, nos cabe o compromisso e a responsabilidade para que essas ações sejam contínuas a ponto de avançarmos em equidade.

Exu, para os iorubás e em suas múltiplas faces na diáspora, fundamenta uma ética responsiva. Eleger Exu como a potência codificadora e mobilizadora de uma pedagogia da descolonização é, em suma, um ato de responsabilidade com a vida. Exu é também o primeiro a ser criado e aquele que fundamenta toda e qualquer forma de existência. Assim, compreende-se como um princípio radical que transgride as dimensões explicativas assentes no ocidente europeu, uma vez que é o elemento que versa acerca da natureza primeira dos seres. Por isso, é na emergência de um novo projeto "poético/político/ético" que a força cósmica Exu é eleita como a esfera principal.

O dono da encruzilhada é a potência a ser encarnada por uma pedagogia que desloca o orixá (força cósmica) de uma leitura centrada nos limites religiosos. Essa perspectiva se dá uma vez que o mesmo é, antes de qualquer coisa, o elemento propiciador das presenças, gramáticas e seus respectivos atravessamentos. Assim, neste projeto encruzado chamado Pedagogia das Encruzilhadas, dialogam diferentes práticas de saber codificadas na diáspora que têm como identificação as múltiplas formas de invenção na linguagem.

Nesse sentido, riscam-se os campos de batalha e mandingas dessa pedagogia. São eles:

- *Político*, pois assume como problemática ética/estética e ato de responsabilidade a luta contra o racismo anti-negro e a transgressão dos parâmetros coloniais. Essa dimensão está implicada diretamente com a preservação da vida em sua diversidade;

- *Poético*, pois emerge a partir e em um diálogo cosmopolita (cruzado) com inúmeras sabedorias e gramáticas que foram historicamente subalternizadas. Ou seja, produzidas como não possibilidades uma vez que são sistematicamente descredibilizadas. A dimensão poética, que aqui deve ser lida no *cruzo* com a problemática epistemológica, revela a impossibilidade de separação entre ser, saber e suas formas de produção de linguagem. Assim, a emergência de outras gramáticas perpassa também pela dimensão política de defesa da vida em sua diversidade;

- *Ético*, implicada com uma das principais demandas a ser vencida na colonialidade, a invenção de novos seres. A dimensão ética perspectivada pela educação revela não um método a ser aplicado para a resolução dos dilemas escolares, mas emerge como um ato responsável comprometido com a transformação dos seres. A educação é aqui lida como fenômeno existencial na articulação entre vida, arte e conhecimento. Assim, a perspectiva das encruzilhadas emerge como potência educativa, uma vez que abre caminho para outras invenções que transgridem o desvio existencial e o desmantelo cognitivo incutido pela ordem colonial.

Eis a encruzilhada de três caminhos da pedagogia encarnada por Exu. É exatamente no cruzo dessas possibilidades que ele vagueia serelepe pelo mundo, atravessando as barras do tempo, vadiando no inesperado e esculhambando as certezas das existências assombradas pelo desencanto. Já diria a máxima versada pelos seus praticantes: "Exu samba no fio da navalha e mora na casca da lima". Assim, esta obra montada por ele e ofertada para ele tem efeito de um *ebó cívico*, conceito que lanço nas esquinas do tempo para invocar, encarnar e multiplicar ações de responsabilidade com o mundo.

Assim, o *ebó cívico* que oferto na esquina da modernidade é feito com os cacos despedaçados ao longo de mais de cinco séculos, com as sobras, os pedaços de corpo e de experiência ancestral que inventaram a vida nas frestas. Haveremos de dar de comer a Exu, como cambono deste fazer, a ele oferto um balaio de conceitos — virações de mundo/amarrações de encante/invocações de outros tempos — imantados no que chamo de Pedagogia das Encruzilhadas.

Exu fala na filosofia versada por Mestre Pastinha, no voo encantado de Besouro Mangangá, na sapiência corporal do jogo de vadiação, nas palavras dobradas por seu Aniceto, no encante soprado por Mano Elói, na semântica dos rosários cantada pelos pretos velhos, nas rezas de cura de Vovó Maria Joana, no riscar das palavras e mandingas de Beth Cheirosinha e dona Coló, na prosa ritmada nas esquinas, nos paralelepípedos banhados a marafo, nos padês virados na hora grande, nos prazeres, seduções, enigmas e segredos inesgotáveis do mundo. Todas essas experiências de alimento da vida cotidiana se riscam como atos contrários à lógica do terror. A tarefa agora é lançá-las no *cruzo* de tantas outras formas, é na encruzilhada que se praticam as transformações. Exu é o poema que enigmatiza a vida, o caos necessário a toda e qualquer invenção. Espreitemos o cair da tarde.

Yangí, Exu Ancestral:
o ser para além do desvio

Exu nasceu antes que a própria mãe.[6]

IFÁ, TESTEMUNHO DO DESTINO E SENHOR DA SABEDORIA, nos ensina que Exu precede toda e qualquer criação. Assim, ele participa e integra tudo o que é criado, da mesma maneira que também está implicado em tudo aquilo que virá a ser destruído e o que ainda está por vir. É ele o princípio dinâmico que cruza todos os acontecimentos e coisas, uma vez que sem ele não há movimento. Exu é compulsório a todos os seres e forças cósmicas. É ele a divindade mais próxima daqueles classificados como humanos, é o dono do nosso corpo e de suas potências, é o princípio comunicativo entre os seres, as divindades e os ancestres. Exu é a substância que fundamenta as existências; é a linguagem como um todo. É o pulsar dos mundos, senhor de todas as possibilidades, uma esfera incontrolável, inapreensível e inacabada. Ele é o *acontecimento*, antes mesmo da inscrição *deleuziana*,

---

[6] A epígrafe é parte de um oriki (narrativa mítica/reza) de Exu.

por isso ata-se o verso que aqui nos abre caminho: "Exu nasceu antes que a própria mãe."

Invoco as palavras, aquelas que ele coloca e tira de nossas bocas[7], para que as mesmas encarnem o texto, o avivem. As palavras consagradas neste texto são antes cuspidas como efeito de encante. Sopradas nos quatro cantos, operam não só como a faca de ponta afiada dos capoeiras mas também como fio que sutura e ata pertenças, sabedorias e memórias ancestrais. *Iê, é hora é hora! Iê, vamos simbora, pela barra afora, camará...* a palavra agora é ofertada àquele que a faz acontecer: Exu. O meu lugar é o de um ser cismado, praticante das frestas, que lança esse feitiço apalavrado de quebra de demanda e de abertura de caminhos, um padê arriado na esquina do Novo Mundo. A encruzilhada guarda o poder da transmutação, assim faremos como Exu, que, de cada pedaço picotado do seu corpo, se reconstruiu como um novo ser e se colocou a caminhar e a inventar a vida enquanto possibilidade. Essa é a face de Yangí, o caráter primordial de Exu.

O verso apresentado acima invoca as sabedorias ancestrais assentes em uma gramática subalternizada ao longo do processo colonial. Essas nos abrem caminhos para outras possibilidades de invenção. Assim, a passagem que ressalta o feito de Yangí transcende os limites da sua presença na narrativa poética de Ifá para emergir como conceito próprio de uma política/epistemologia de descolonização, uma teoria exusíaca[8]. A perspectiva Yangí será aqui lida como potência para um debate ontológico que transgrida os limites da supremacia da razão branca e desloque a dimensão das existências e da realidade para outros horizontes. Yangí nos permite problematizar a natureza radical de todos os seres criados, uma vez que é o Exu ancestral, como também nos permite redimensionar as presenças, a partir da divisão Humanidade x Raça, Existência x Não Existência, Brancos x Não Brancos. Se a modernidade ocidental, em sua face de motor desenvolvimentista do capitalismo no mundo, destituiu a

---

[7] "Exu coloca e tira palavras de nossas bocas" é uma máxima comumente ouvida nos terreiros do Brasil.

[8] Sobre o conceito de exusíaco ver Simas e Rufino (2018).

existência de milhares de seres ao longo de séculos de violência, o que restou desses seres deve ser agora encarnado pela potência ancestral, resiliente e transgressiva de Yangí, força reconstrutora dos cacos despedaçados que vêm a formar novos seres.

Yangí ainda nos revela outra potência a ser tomada, que é o seu caráter enquanto agente do tempo, princípio do ser/estar multidimensional e escritor de ações no tempo em sentido espiralado. Dessa forma, Yangí (Exu ancestral) nos concede elementos para a reivindicação da noção de ancestralidade como espírito do tempo que baixa em performance espiralada. Yangí, como horizonte disponível para outros cursos, nos permite navegar em filosofias que problematizam o ser e a realidade para além do chamado "tempo presente". Nesse caso, o presente nada mais é do que uma fração, um recorte arbitrário da realidade expandida ou do alargamento do agora. Ancestralidade, nesse sentido, emerge como um contínuo, uma pujança vital e um efeito de encantamento contrário à escassez incutida pelo esquecimento.

Nesse sentido, Yangí é sempre o primeiro como também o último; são as pontas do caracol (okóto), pois é o princípio e o tom do acabamento. Essa proeza performatizada por Exu nos possibilita pensar o presente de forma alargada, que nos permite também transgredir com a linearidade histórica que achata o presente (potência do ser e suas invenções em interação com o espírito do tempo) entre passado e futuro. Assim, passado, presente e futuro não passam de abstrações.

A partir da disponibilidade conceitual assente na noção de ancestralidade, essas dimensões imbricam-se inscrevendo performances em um mesmo tempo/espaço. Não à toa, a partir de uma filosofia própria dessas experiências, a vida, enquanto invenção, pode vir a renascer daquilo que foi ontem, enquanto o futuro, como uma mera superação do "passado", pode vir a significar a morte, tomada como perda de potência. Nesse sentido, Exu, o senhor das possibilidades, opera na simultaneidade das temporalidades, que se cruzam.

Yangí como elemento primordial das existências, mantenedor de um caráter dinâmico gerador de efeitos transmutadores, nos possibilita a defesa do não acabamento do mundo. Praticando outros caminhos, estes encarnados pelas potências de Exu, percebemos que os regimes de verdade acerca do mundo e suas soluções se assentam na escassez, pois as suas saídas não miram a diversidade como potência. Assim, haveremos de assumir como resposta responsável o atravessamento e a transmutação das lógicas intransigentes e desencantadas contrárias à diversidade.

O que é o mundo colonial senão uma pilhagem de cacos? O que é a banda de cá do Atlântico senão um aterro das sobras da construção civilizatória do ocidente europeu? Miremos para além dessa primeira vista, a encruzilhada atlântica nos guarda mais segredos. Os cacos de cá se movem, pois são encarnados pela potência ancestral de Yangí. Uma terra alimentada pelo sangue do sacrifício é uma terra que pulsa a invenção de outras possiblidades de vida. Yangí, o Exu ancestral, está em tudo e, mesmo despedaçado, se levanta, se reconstrói e se põe a caminhar.

Ifá nos conta que Olodumare, o ser supremo, após um tempo imemorial de inércia, resolve criar o mundo e a sua primeira criação é Yangí, a pedra primordial da existência. Yangí, Exu transmutado na pedra de laterita, representa a condensação da terra, a desagregação particulada e formadora do microcosmo iorubá. Yangí é invocado e lançado, ao longo do debate proposto pela Pedagogia das Encruzilhadas, como o elemento catalisador das potências resilientes e transgressoras fundamentais às invenções de novos seres e caminhos. Assim, na sugestão aqui proposta, o mesmo imbrica os caráteres de caco despedaçado, elemento indispensável a toda invenção, avivamento, processo de encante e também por ser o elemento que representa o primeiro ser criado. Yangí, a pedra de laterita, é o "todo no fragmento" e o "fragmento no todo". É o princípio ancestral de Exu que se lança também como potência inventiva e inacabada nos atravessamentos, invenções e lutas contra os efeitos do colonialismo.

Eis o elemento de encante fundamental para a invenção necessária, Yangí é o elemento que substancia a invenção de novos seres, daqueles que se erguem das sobras e cacos despedaçados pelas atrocidades coloniais e reinventam a vida. Esses novos seres, assim como Exu, serão incontroláveis, pois os mesmos conhecerão o poder ancestral que os encarna e mobiliza.

Na remontagem de suas presenças e corporeidades lançarão mãos, pés, palavras e olhares transgressivos à lógica desumanizadora propagada pela empresa colonial. Impulsionados pelo inconformismo, pela rebeldia e pela responsabilidade de traçar outros caminhos, cantarão alto e manterão vivos e pujantes seus ancestrais.

Yangí nos faz vivos e integrais, as presenças de nossos ancestres soterram o vácuo do esquecimento. Existe um abismo infinito entre colonização e civilização e, de tudo que foi feito em nome desse projeto sanguinário, não se pode resgatar um só valor humano. Afinal, a defesa da condição de humanidade na modernidade só é possível no contraponto daquilo que a razão colonial definiu como desvio. Daí a invenção da raça e a atribuição da mesma como elemento exclusivo dos seres não brancos. É a partir dessa marafunda que se fixam milhares de seres no cárcere da não existência.

Raça, racismo e Estado-nação são os alicerces que sustentam a cumeeira colonial. Enfrentaremos ponto a ponto essa demanda, sucatearemos essas bases. As razões aqui invocadas são outras. Para nós, ritualizadores da ancestralidade, a morte não nos assombra, sequer é um imperativo. Em nossos termos há "morte" somente no esquecimento. A voz do preto velho Césairie (2008) nos embala: não esqueceremos as atrocidades do colonialismo. As imagens de assassinato e humilhação nutrem nosso inconformismo e rebeldia, de modo que haveremos de enfrentar o trauma.

Porém, também não esqueceremos as nossas sabedorias ancestrais encruzadas no Atlântico, reinventadas nas bandas de cá como possibilidade de vida. Exu é a gnose reivindicada para dobrar o desvio existencial investido como política de dominação. Dos cacos quebrados, da mutilação e do desmantelo, ele se coloca a caminhar e se expande. O que a física concebeu como entropia os versos de Ifá já nos mostravam como sendo o efeito dinâmico de expansão e inacabamento de Exu. A definição filosófica alinhavada nos versos da poética do encante nos redimensiona para uma presença anterior ao que nos nega enquanto possibilidade: "Exu nasce antes que a própria mãe."

Dessa forma, reivindico Yangí como disponibilidade conceitual, abrem-se caminhos para trilhar outro mundo possível. A história não está fadada aos regimes de verdade do colonialismo. A invenção do ocidente europeu como centro tentou aterrar a diversidade existente nas margens. Assim, algo se constituiu em meio à desordem provocada. Exu existe nesse lado de cá do Atlântico, múltiplo no uno, para nos mostrar que o mundo não se sustenta em uma ordem dicotômica. O que é investido para ser centro está encruzado ao que apontado como margem. O mundo é uma encruzilhada e por isso é um campo de possibilidades infinitas, inacabadas, e é Exu quem comanda as estripulias.

Assim, o que considero como outros caminhos possíveis na perspectiva do *ser* em encruzilhadas reinscreve o desvio existencial em um gingar entre as capacidades de resilir e de transgredir como uma potência inventiva de novas presenças. Uma sapiência própria da potência transmutadora de Yangí. A encruzilhada, nos termos exusíacos, emerge como o tempo/espaço das invenções cruzadas entre um imaginário em África e as suas reverberações criativas, circunstanciais e inacabadas na diáspora. Essa potência, advinda da caoticidade diaspórica, similar ao caráter ontológico de Exu (Yangí), traz a potência do imaginário em África como uma força plástica, poética e mítica de inúmeras possibilidades de recriação.

Sigo fazendo caminhos por encruzilhadas, praticando estripulias, criando nos vazios deixados, corrompendo as lógicas dicotômicas a partir da sapiência do cruzo. Aqui invoco e encarno Exu, seus princípios e potências para inventariar um balaio tático, ao que dou o nome de Pedagogia das Encruzilhadas. A intenção é direta: sucatear a lógica colonial. Assim, lanço meus versos para aquele que é o primeiro, invocando novamente o verso: "Exu é aquele que nasceu antes da própria mãe". (Gargalha) Nessa amarração se expressa a ontologia negro-africana cruzada via Atlântico e ressemantizada nas bandas de cá.

Exu é o poder que baixa encarnando nas múltiplas possibilidades de ser e saber. Este signo compreende uma potência incontrolável, logo contrária a toda forma de regulação e manutenção de uma única ordem. Não existe ser humano sem ele, tanto quanto uma ciência humana sem os seus radicais. Assim, os novos seres, aqueles livres das formas de dominação colonial, terão de ser inventados. Para o fortalecimento da formação de seres livres, resilientes, inconformados, rebeldes e transgressivos à ordem colonial, é que venho propor essa pedagogia exusíaca.

A ciência sempre teve um tanto de macumba. Não à toa, os mestres encantados dos cultos da jurema, do catimbó e da encantaria chamam os ofícios de saber de "ciência encantada". Porém, somos também herdeiros de uma tradição que se desencanta por negar a pluriversalidade do mundo, mas é nessa fresta que risco o ponto de uma pedagogia encarnada pelos princípios e potências de Exu. Um *ebó cívico* que se cruza ao fazer científico, que é antes de qualquer coisa uma resposta responsável, ética e estética para com as milhões de almas subtraídas durante séculos de colonialismo.

Canta o verso: "Exu Tranca Rua é homem, promete pra não faltar, quatorze carros de lenha pra cozinhar seu gambá. A lenha já se acabou e o gambá tá pra cozinhar..." O colonialismo não acabou, permanece como uma espécie de carrego, assombro. Os Estados modernos e suas formas de governo gerido por essa espiritualidade contrária a vida fundamentam os Estados coloniais. Nas bandas de cá, margem ocidental do Atlântico, intitulada como América Latina, os parâmetros de civilidade são outros.

A Europa edificou-se à base da subordinação, humilhação e dependência da América Latina e África. Enquanto a modernidade alumiou para os europeus contratos de organização da vida social, aos seres destituídos de estatuto ontológico, o que foi oferecido foi a vigência de contratos de subordinação. Assim, a invenção de novos seres demanda romper com os efeitos operacionais do colonialismo no que tange à formação das mentalidades, às práticas sociais e suas interações. Em uma perspectiva macumbística (modo encantado, lúdico e cosmopolita de invenção de mundo), digo que temos de expurgar o *carrego colonial*, que são as marafundas, pragas de má sorte, assombros, desencantos que precisam ser urgentemente despachados.

Ao senhor dos caminhos invocamos a remontagem dos seres, a restituição e a transformação radical. Assim, outros caminhos são também aqui apresentados para problematizar a impossibilidade de desmembramento entre ser e saber. Na mirada de uma pedagogia encarnada por Exu, o conhecimento não é meramente uma abstração, mas sim um fenômeno que corre mundo para baixar nos corpos. Os conhecimentos vagueiam nas asas do vento e montam nos suportes corporais, manifestando-se, assim, o saber enquanto prática. Nos horizontes cantados pelas filosofias ancestrais da diáspora africana, a consciência se assenta no corpo, a razão é transe, movimento contínuo, performance, saber corporal, prática de saber.

O racismo epistemológico é uma dobra do desvio existencial incutido às populações não brancas. Ser e saber, como já dito, assentam-se em uma dimensão *uno*. Dessa forma, para a lógica colonial, matar os corpos é também praticar o extermínio das sabedorias; epistemicídio[9] e biopoder[10] são frentes do contrato racial regido nas margens de cá do Atlântico. A gramática colonial opera de forma sofisticada na produção de não existências, na hierarquização de saberes e nas classificações sociais. O racismo é a força motriz do colonialismo.

É nessa perspectiva que a transgressão dos paradigmas coloniais mira a emergência de novos seres, assim como a invenção de novos cursos do saber ou, em outros termos, uma ciência humana *outra*. As ciências humanas centradas na racionalidade eurocêntrica são humanas para os brancos e desumanas para os não brancos. Exu é um princípio ontológico, epistêmico e semiótico negro-africano, transladado e redimensionado na diáspora, que se manifesta como prática de saber e filosofia da ancestralidade[11]. Assim, um ato de descolonização cosmológica me possibilita o enveredamento pela descolonização do ser/saber/poder.

Exu e as suas encruzilhadas nos possibilitam reler o nosso tempo. Assim, a mirada que faço o reivindica como a sabedoria praticada durante os mais de cinco séculos de gerência do colonialismo. Obviamente, Exu constitui-se como um fenômeno anterior à presença do empreendimento colonial. Essa afirmativa se dá orientada a partir do que se versa na cosmologia iorubana e nos seus cruzos com outras culturas negro-africanas. Assim, Exu compreende-se como o princípio dinâmico das existências.

---

[9] Ver Carneiro (2005).
[10] Ver Mbembe (2018).
[11] Ver Oliveira (2007).

Tomando como base os ensinamentos presentes em Ifá, ressalto Exu como o princípio radical das existências. Dessa forma, o orixá emerge como princípio explicativo de mundo fundamental a ser credibilizado na reinscrição de alguns cursos e problematizações no campo das ciências humanas. A encruzilhada nos possibilita uma crítica à linearidade histórica e às obsessões positivistas do modelo de racionalidade ocidental, atravessá-la é considerar os caminhos enquanto possibilidades.

Exu é ainda o princípio espiralado do tempo e das existências. Toda experiência que se reivindica como totalidade revela sua pretensão de grandeza e também o seu desconhecimento sobre os segredos que se firmam nas pedras miúdas. Exu é a inscrição da pluriversalidade do mundo, é a perspectiva, a negaça, o pavio da dúvida que se acende causando o estouro do conhecimento. Exu baixa em qualquer corpo, fala em qualquer língua, diz no não dito, se não existe palavra, ele inventa, se a compreendemos, ele a destrói para nos lançar no vazio do tombo. Para aqueles que se arriscam no desafio de outras travessias, Exu os assiste, os observa e, dependendo da negociação, pode vir a ajudá-los. Agora, para aqueles que se colocam acomodados nas espreguiçadeiras da certeza, Exu prega peças, os espreitando sob os redemoinhos da imprevisibilidade, do virar do avesso, do bater de um lado e gritar no pé da orelha do outro.

Hegel (2001) sugeriu que, se os negros conformassem um movimento, seria uma contração imóvel, rastejo, espasmo. Ora, Hegel, tu não ouviste falar de nosso compadre? Aquele que vive na casca da lima, samba no fio da navalha, cozinha o gambá com 14 carros de lenha, benze o sacristão com cachaça, carrega azeite em uma peneira sem perder uma só gota, vigia ao mesmo tempo as porteiras de entrada e saída, anda montado em uma formiga, pisa no toco de um galho só, planta inhame cozido na boca da noite e o colhe na boca do dia... Ora, Hegel, tu não ouviste falar?

Para os iorubás, Exu é o princípio do movimento como um todo, e o seu caráter enquanto potência de mobilidade é representado tanto pela boca, quanto pelo falo ereto. O princípio da boca como Enugbarijó, campo de transformações por intermédio das ações de ingerir e regurgitar, como também da transformação do pensamento em palavra e os seus cursos no alinhave da comunicação; o falo ereto como princípio da mobilidade, da vivacidade do ser enquanto elemento individualizado e a sua potência na atividade de procriação e seus vínculos com a continuidade e o inacabamento da vida. Certamente, o falo ereto de Exu como representação de seu poder, enquanto princípio do movimento que é, causou pavor entre os colonizadores europeus que se depararam com sua imagem. Exu, que até esse momento era um princípio amoral, foi então relegado ao substantivo do pecado, do descontrole e do perigo, ou seja, acabou sendo interditado pela lógica colonial como o diabo cristão.

Certamente, Hegel não se permitiu ouvir falar de nosso compadre. Afinal, para conhecê-lo, haveria de ser sensível a outras possibilidades de mundo, algo não tão comum para as mentalidades que se acomodam sobre os bancos de areia do monorracionalismo. Porém, Hegel, firmaste um verso sobre as populações negras como sendo contrações imóveis, rastejo e espasmo. Eu, cismado que sou, refaço a pergunta: Ora, tu não viste um moleque de pau duro que passou do teu lado? Não viu? Acabou de tirar um sarro de ti!

O colonialismo venceu?

O VERSO DE UM ORÍKÌ NARRA QUE EXU foi a primeira estrela criada. Em um dos poemas de Ifá conta-se que nem mesmo criado ele foi, uma vez que ele é a força que precede toda e qualquer forma de invenção. O menino guardião da porteira de Olofin nasceu antes mesmo que a própria mãe e, ao ser picotado ao infinito por seu pai, dinamizou as existências vomitando o mundo que engoliu. Do adormecer à inquietação da vontade é assim, Elegbara serpenteia na espiral do tempo praticando suas estripulias, transformando a escassez em fartura, a certeza em dúvida e o ponto primeiro em tom do acabamento. Exu, meus camaradinhas, não carrega fardos, ele é o poema que enigmatiza a vida.

Exu enquanto Yangí, tanto na cosmologia iorubá quanto nas gramáticas codificadas na diáspora, fundamenta uma teoria da vida, perspectivando-a enquanto pulsão de fartura e diversidade. Assim, qualquer que seja o caminho que mire as problemáticas das existências pelas vias da escassez e do monologismo são noções desencantadoras dos axés (energias vitais) de Exu. O orixá aqui referido é o movimento em sua radicalidade e plenitude, é o cosmo em contínua expansão, são as bilhões de estrelas que rodopiam nas espirais do tempo. Os movimentos da Terra e de outros corpos celestes em torno do Sol, os dias, noites e marés. O movimento em si é a expressão da própria matéria construtora das existências. O movimento é Exu.

As narrativas presentes na poética de Ifá cruzadas às inúmeras experiências em trânsito na diáspora dimensionam o pluralismo de Exu. Em seu cosmopolitismo, ele se apresenta como o elemento possível para uma teorização das existências e de suas interações com tudo que existe. Não à toa, nas sabedorias de terreiros, costuma-se dizer que ele é aquele que precede as criações, participa, integra e as desfaz, para que sejam novamente reconstruídas. Em outras palavras, o entendimento dele como elemento fundante e indispensável à ordem das existências é traduzido pelos seus praticantes como sendo o princípio dinâmico do universo.

Yangí é a perspectiva que nos possibilita travar um debate acerca da problemática ontológica, da invenção e do devir do ser negro-africano no mundo. A primeira estrela criada é a pulsão transgressiva e resiliente que nos possibilita rasurar os limites impostos pelo colonialismo, constructo espiritual e materialmente arrebatado pelo substantivo racial. Porém, como elemento que serpenteia nas barras do tempo, Exu organiza, desorganiza, faz a finta, esculhamba, abre, faz e encarna caminhos, se mostra de forma múltipla para que cismemos das histórias que nos foram contadas.

Assim, outras faces de Exu serão aqui invocadas para que alarguemos o repertório de táticas e antidisciplinas a serem lançadas na encruzilhada mundo. Outros caminhos são possíveis: Obá Oritá-Metá, o senhor da encruzilhada de três caminhos; Igbá-Ketá, o dono da terceira cabaça; e Enugbarijó, a boca coletiva dos orixás ou a boca do universo nos apresentam essas possibilidades. Todos os três são faces de Exu que emergem como horizonte disponível para praticarmos a cisma com o caminho que se reivindica como o único. Esses termos são potências que baixam e nos arrebatam para que não só inventemos outras possibilidades mas também transmutemos aquilo que nos foi lançado.

Reivindicando essas potências como elementos construtores de uma pedagogia, cuspiremos essas outras possibilidades em formas de versos, gingas, sons e tecnologias. A nossa política é também poética tramada por um repertório vasto e inacabado, aqui reivindicado em sua integralidade, a multiplicidade no uno, o ser/saber em suas performances e inacabamentos. Exu, senhor do movimento, protomatéria da existência, linguista e tradutor do sistema mundo. O menino que engole a mãe, o mundo e ao mesmo tempo fiscaliza os limites do visível e do invisível, ajudando nas tarefas de seu pai.

(Gargalha...). Vadeia, Exu, nas asas do vento, nos redemoinhos da existência, nos entroncamentos da vida e no perder de vista. Uma de suas traquinagens prediletas se dá no encantamento da dúvida. Como ele brinca e se diverte com a nossa obsessão pelos esclarecimentos, pela verdade... e porque ri da fragilidade desses nossos regimes, opera nos vazios deixados por nossos próprios discursos. Exu, longe de ser a palavra que salva, é a que encanta. Quando nos dá mais linha, é porque nos amarrará de outra maneira, cama de gato, criança, jogo, enigma, encante, segredo, sedução — esta é a sua lógica. Senhor das astúcias, dos escapes, das esquivas, das antidisciplinas, da peça, da síncope, das rasuras, do viés, sucateios, festas e frestas. Inventa e recria mundos nos lampejos das imprevisibilidades cotidianas.

Exu baixa nessa gira cruzada para praticar as suas estripulias. Em cada drible, rodopio e gargalhada emerge um repertório inacabado de artes, astúcias e fazeres. A pedagogia encruzada, encarnada pelas suas potências, opera como sabedoria de fresta. Como praticante da encruzilhada, busco cismar com o Diabo cristão e outras invenções coloniais. Ou talvez — se melhor convir às formas tradicionais de negociação vividas por aqui — acenda uma vela para ele, o Diabo, junto a uma para Deus.

Sigo o ensinamento cuspido da boca de um *nego véio* jongueiro que me passou a máxima versada por sua avó: "Deus é artista e o Diabo é arteiro. Na vida devemos ser artistas e arteiros."[12] O desafio da brincadeira é libertar os diabos das garrafas, creio que deixá-los livres nos aumentam as possibilidades de enfrentamento das demandas de nossos mundos.

---

[12] Essa frase foi dita por Délcio Teobaldo ao contar histórias de sua infância com sua avó no interior de Minas Gerais. Ao me referir aos ensinamentos do Mestre, cabe também a alusão aos ensinamentos de Bakhtin (1976) sobre as noções de vida e arte. Ao considerá-las como campos indissociáveis, Bakhtin nos mostra que, seja na vida ou na arte, estamos sempre a responder o *outro* de forma ética e estética.

Assim, como na narrativa popular, o colonialismo acreditou que, ao construir diabos e aprisioná-los nas garrafas, os manteriam cativos e servis a todos os seus desejos. Porém, como narra o mito popular, para mantê-los aprisionados, as nossas almas serão cobradas como contrapartida, padecendo nos lajeiros do inferno, profundezas das ignorâncias abissais do colonialismo ocidental que crê que, ao manter possibilidades engarrafadas, cativas, servis, reinará de forma absoluta nesse mundo dividido entre o bem e o mal, entre o pecado e a salvação, entre Deus e o Diabo. Trato feito, a alma será devidamente cobrada. O que salta das frestas das narrativas redentoras do colonialismo, todavia, indica que ele não venceu nas bandas de cá; pelo contrário, o Novo Mundo codificou-se como uma grande encruzilhada.

Parto de uma provocação ou, melhor, travessura em tom de abuso: o colonialismo não venceu nas bandas de cá! Talvez isso não seja exatamente uma afirmação. A minha intenção é de que a palavra que sai de minha boca encarne o texto, dê a ele vida, mobilidade. Invoco uma lógica, um saber ancestral para que o que possa parecer uma afirmação opere como um enigma. Que o hálito ritmado costure o verso que se lança da boca de um poeta feiticeiro. Laço, nó atado, amarração! Coisa de *nego velho*! Para desamarrá-lo, terá de entrar no meu jogo. Fique relaxado, em outro instante, entro no teu, talvez saia, talvez não... jogo não se joga só. Ou seja, não quer dizer que um ganha e o outro perde. A vitória ou derrota é circunstancial e depende sempre de um ponto de vista. O que me movimenta é o jogo, a roda, a gira. É lá que eu me realinho com o universo e ele se arruma em mim. É por essas e outras que firmo o ponto: ele não venceu! O jogo é sempre inacabado.

O colonialismo produziu violências indeléveis em todos nós, porém, o seu projeto de ser um paradigma hegemônico monocultural e monorracionalista apresenta fissuras, fraturas expostas, hemorragias, sangrias desatadas. Mesmo tendo as sabedorias dos grupos tidos como subalternos operado golpes de forma astuta nas estruturas coloniais, o intenso investimento na formação dessa engrenagem moderna fez com que, até os dias de hoje, permaneça a dimensão do contínuo colonial.

Não creio na redenção colonial, aposto na fresta, defendo que há outros caminhos possíveis. Contudo, essas possibilidades, para se manterem operando na luta por justiças cognitivas/sociais, terão de atravessar o contínuo colonial, terão de emergir como ações de transgressão e resiliência. A dimensão da perpetuação dessa esfera de terror reflete o quanto são adoecidas as nossas mentalidades, o quão blindados são os nossos esquemas de saber, o quão regulados são os nossos corpos, tornando-nos impedidos cognitivamente de nos desvencilhar dessa trama.

Esse contínuo que podemos ler nos termos do conceito de Colonialidade[13] é compreendido como o legado das desigualdades e injustiças produzidas pelo colonialismo europeu. Ao destacar os aspectos concernentes à linguagem e aos saberes, enfatizo a dimensão da colonialidade que recai sobre o caráter epistemológico. Essa face nos mantém dependentes do paradigma de saber eurocêntrico, nos impedindo de pensar o mundo a partir do modo em que vivemos e das epistemes que lhe são próprias.

A perspectiva apresentada pelas encruzilhadas de Exu se orienta pela noção de *cruzo*. Assim, essas encruzas e as suas respectivas práticas não versam meramente sobre a subversão. O que se propõe não é a negação ou ignorância das produções do conhecimento ocidental e dos seus acúmulos, tampouco a troca de posição entre o Norte e o Sul, entre o colonizador e o colonizado, entre os eurocentrismos modernos e outras opções emergentes. O que se versa nas potências de Exu é a esculhambação das lógicas dicotômicas para a reinvenção cruzada. São os domínios de Enugbarijó, a boca que tudo engole e vomita o que engoliu de forma transformada.

A presença de Exu e os seus *cruzos* no debate dos conhecimentos se dá na medida em que as questões acerca dos saberes estão diretamente ligadas aos seus princípios e potências. Nesse sentido, Exu vincula-se a esse debate no cerne das produções, presenças, origens das práticas de saber, como também nas questões concernentes às suas diversidades e à necessidade de giros, transgressões e rebeldias frente aos processos de colonização/racismo

---

[13] Ver Quijano (2010), Mignolo (2005, 2008), Grosfoguel (2010, 2018), Maldonado-Torres (2018), Walsh (2008).

epistêmico. Outro ponto a ser destacado e que ressalta seus vínculos com o campo dos conhecimentos é a sua potência/natureza semiótica.

Exu é o ato criativo e responsável pelas dinâmicas que pluralizam o mundo, assim os caminhos que partem de seu radical de forma alguma podem se reivindicar como únicos. Não cairia bem a ele. A encruzilhada como um dos símbolos de seus domínios e potências emerge como horizonte disponível para múltiplas e inacabadas invenções. Fazendo valer a máxima parida nos terreiros: "Exu pode vir a ser o que quiser. Exu manifesta-se como quiser". Assim, Exu é aquele que nega toda e qualquer condição de verdade para se manifestar como possibilidade.

A defesa aqui desenvolvida é a de que Exu, transladado, multiplicado e ressignificado nas bandas de cá do Atlântico, é a esfera que representa os golpes aplicados e a transgressão necessária à colonialidade. Não só simboliza, como é, em suma, um princípio e potência de descolonização. Penetrado nas práticas culturais do complexo da diáspora africana, mantém vitalizado os inúmeros saberes que diversificam as experiências sociais do mundo e as possibilidades de reinvenção do mesmo. É Exu que esculhamba os limites da maquinaria ocidental, é ele que tenciona o arrebatamento das almas assombradas pelo pecado. Será também Exu, por meio de suas encruzilhadas, que nos apresentará outras formas e me possibilita desenhar ao longo de alguns traçados uma pedagogia que lhe é própria.

Por mais que as histórias tidas como oficiais se esforcem para que a formação de nossos imaginários e esquemas cognitivos se mantenha servil à imagem de uma suposta redenção colonial, há inúmeras formas de escape. Afinal, sempre se jogou nas bandas de cá. O jogo, às vezes, imprime uma lógica de sedução e encante mútuo, até que um se encontra perdido em meio a ele. Já diriam os mais sábios: "Fulano, cadê? Não sei! Se perdeu, se encantou pela mata e de lá nunca mais saiu!" É assim nos jogos de corpos ou de palavras. Há de se invocar a máxima dos malandros e as suas formas de escrita em trânsitos: "malandro que é malandro não bate de frente!" Por isso, o tempo/espaço que falo e busco estar é o da encruza. As esquinas são dobras, malandro que se preza, ao dobrar a esquina, faz a curva aberta, nunca se sabe o que vem de lá. O espírito do movimento, da criação e de toda e qualquer possibilidade faz morada lá.

A encruzilhada é o caminho eleito, é irredutível, há algo lá que não conhece derrota diante dos esforços coloniais, sejam os de agora ou os de outrora. O vencer ou ser vencido não está em "xeque", a dinâmica do jogo, por mais que não pareça, é outra. É assim na encruza, em toda e qualquer encruza. É lá que mora, se incorpora e se corporifica a grande boca do universo. Engole o que há pela frente para depois o cuspir, restituindo outro mundo. A encruzilhada é ambivalente, não define lado, é o palco de todos os tempos e das possibilidades. Nela se acende a vela — e se vela a vida — acompanhada de marafo. Nas travessias, nos caminhos feitos, nas palavras trocadas de boca em boca, nos gestos e imagens que compõem a vida comum, os seres reinventam a vida em encruzilhadas. O projeto colonial fez da cruz a sua égide, o cotidiano colonial fez da encruzilhada o campo de possibilidades e mandingas, a reinvenção da vida, a morada primordial de Exu.

Escrevo para sacramentar o que já foi dito! Essa me foi a lição passada por um *nego véio*. A palavra que é lançada como sopro ritmado da minha boca é parte de meu corpo, é carne. A palavra que escrevo — antes já "soprada" — busca encarnar no texto as múltiplas vozes que habitam os caminhos alçados por ela e enlaçar o outro. Navega para desaguar no desejo de comunicação, só possível a partir daquele com quem jogo.

A linguagem produzida nos jogos ritualizados no cotidiano negociam inúmeros significados e possibilidades de diálogos. O exercício de examinar a linguagem para buscar possibilidades de transgressão à colonialidade nos desafia a adentrar o campo das produções ainda não tão bem encaradas. Ressalto que há esforços para a apresentação e o curso de outras perspectivas epistemológicas e filosóficas, porém, ainda existem inúmeras dificuldades e desproporções no que tange às relações horizontais entre o que é produto do cânone moderno ocidental e as outras formas de conhecimento possíveis. Nesse sentido, cabe cismarmos com as respostas até então dadas e considerarmos que grande parte dos conhecimentos orientados pelo discursivo científico moderno é limitado a saberes etnocentrados.

Assim, sugiro vagabundearmos sobre os limites dessas chamadas "razões", invocando um espírito traquina, exusíaco. O desafio, então, é vadiar na linguagem, em pernadas sincopadas; sambemos. Pra mim, esse desafio só pode ser feito elegendo Exu como esfera de saber, já que ele é a própria linguagem, é ubíquo, se faz presente em todas as palavras, corpos, movimentos, em todo ato criativo e em toda e qualquer forma de comunicação — das letras escritas em tratados e livros raros em suntuosas bibliotecas até a gíria torta parafraseada na esquina; das notas mais valiosas cobiçadas no mercado até a palavra cuspida no chão da avenida; da assinatura de um decreto ao gole da cachaça na encruzilhada.

É na encruza que desejo permanecer, é para lá que sacrifico minhas questões, é lá o tempo/espaço proeminente para pensar as possibilidades, é lá que me farei vadio e é lá também que se torna mais gostosa a brincadeira de tirar uns sarros, de destronar o rei, de carnavalizar o mundo. Invoco Exu para umas andanças nos terrenos dos conhecimentos e me ato à encruzilhada e suas possibilidades como potência, vindo a riscar o ponto e defender o que conceituo como a Pedagogia das Encruzilhadas.

Porém, me cabe novamente fortalecer que as implicações aqui apresentadas sobre uma suposta hegemonia de saber e a crítica produzida sobre os seus efeitos não enxerga como solução a substituição de determinado modelo por outro, já que, em meu ponto de vista, uma vez que reconhecemos que existe um saber alternativo, fortalecemos a perspectiva de que há um modo titular. O que defendo é o intercruzamento de conhecimentos que coexistem no mundo. Podemos dizer, de maneira sacana, que saio em defesa do *cruzo*. Saberes que em seus encontros, confrontos, atravessamentos e diálogos gerem possibilidades de pensarmos o mundo percorrendo suas esquinas.

Obá Oritá Metá:
a dúvida como possibilidade,
sabedoria de fresta

OBÁ ORITÁ METÁ É UM DOS VÁRIOS TÍTULOS concedidos a Exu, esse o define como o rei da encruzilhada de três caminhos. O que seria então a encruzilhada? Para alguns, a morada do dínamo do universo, ponto de força, caminhos de interseções e possibilidades.

Os pontos que risco, que fundamentam a proposição de uma pedagogia encarnada pelas potências de Exu, traçam algumas perspectivas. Essas sempre inacabadas, pois ligam outros muitos caminhos possíveis. Porém, ressalto alguns traçados, aqui riscados na força da pemba, ou seja, paridos na força do encante e dinamizados com o axé transformador que emerge como orientação política/poética. Assim, inspirado na potência de Obá Oritá Metá, ressalto o curso de três caminhos/esquinas. O primeiro traçado reivindica a noção de que o conhecimento é diverso e corresponde à pluralidade de formas de ser no mundo. Assim, ao confrontar a hegemonia de um modelo que se reivindica como único, denuncia sua parcialidade em relação aos outros existentes.

O segundo ponto é a noção de que as experiências transatlânticas constituídas a partir dos processos de dispersão/travessia das populações negro-africanas nas Américas — conhecida como diáspora africana — tecem uma esteira de saberes que forjam um *assentamento* comum nos processos de ressignificação do ser, suas invenções de territorialidades, saberes e identidades. Essas experiências buscam reconstituir — a partir de um imaginário em África — os elos de pertencimento alterados a partir do trânsito contínuo e da impossibilidade de retorno. A diáspora negra está a se constituir cotidianamente nas práticas, tecendo conhecimentos que nos possibilitam a produção de um projeto político/poético/ético antirracista/descolonial.

O terceiro ponto se firma na ideia de que não há como defendermos a fragilidade de um modelo epistemológico que se reivindica como único e a emergência de um outro, uma vez que não nos deslocamos a reconhecer e credibilizar outras perspectivas de conhecimento assentadas em outras práticas de saber. É nesse sentido que invoco Exu, uma vez que ele é primordial, configurando-se como princípio operante em diferentes práticas das culturas da diáspora africana, elemento fundador do ser, da linguagem e precedente a todo e qualquer ato criativo.

É no curso dessa via que defendo que a presença de Exu, encarnado nas práticas que codificam o Novo Mundo, dá o tom da não redenção do projeto colonial. Mais do que isso, nos indica as instâncias das múltiplas formas de invenção da vida cotidiana em meio a batalhas, jogos, dribles, rasuras, sucateios, ressignificações e estripulias praticadas nas frestas. Exu como um princípio dinâmico que compreende uma complexa tessitura de práticas e formas, nos fornece importantes orientações epistemológicas e metodológicas para a contestação dos limites de um saber monológico, produzido pela racionalidade moderna ocidental. Praticar Exu por meio de suas encruzilhadas nos mobiliza, nos lança nas zonas de fronteira, nos permitindo praticar certas esculhambações contra as lógicas do colonialismo. Umas dessas traquinagens, praticadas nas frestas como ato de antidisciplina e de rasura aos imperativos coloniais, compreende-se no que conceituo como *ebó epistemológico*.

O ebó, nesse caso, vem a se configurar como o saber praticado que, ao cruzar outros modos, os afetam, atribuindo a eles mobilidade, dinamismo e transformação. O *ebó epistemológico* vem a produzir efeitos de encantamento nas esferas de saber, as mobilizando na perspectiva da abertura de caminhos. Essa operação se define pelo que destaco como sendo os *cruzos* de múltiplas formas de saber em um determinado modelo epistemológico. Essa ação, configurada como um fazer em encruzilhadas, potencializa o movimento e as transformações, confrontando as noções desencantadas dos modelos monorracionais e universalistas. Os ebós são, em suma, as múltiplas tecnologias inventadas e praticadas como possibilidade para a potencialização das energias que nos movem na/para a abertura de caminhos e acúmulo de força vital. O ebó é artimanha de encante e de sobrevida. O *ebó epistemológico* como efeito gerador de encantamento nas esferas de saber está imbricado a uma Pedagogia das Encruzilhadas. A pedagogia proposta opera diretamente nas obras do colonialismo como um contragolpe. Nesse sentido, invoca e encarna Exu evidenciando seu caráter tático e suas presenças como esfera de saber na luta contra as injustiças cognitivas/sociais produzidas ao longo da história.

Exu é o fator primordial e o dínamo mantenedor e produtor das potências criativas, resilientes e transgressoras. A Pedagogia montada por ele é a orientação que nos permite praticá-lo a partir dos *cruzos* próprios das dinâmicas em encruzilhadas. O *ebó epistemológico* se constitui como prática/efeito de encantamento a partir do que vem a ser transformado nas operações de um fazer em *cruzo*. Assim, as operações de uma educação imantada no poder de Exu vêm a produzir mobilidade, transformação e possibilidades. Qualquer que seja a perspectiva de uma educação — modo produzido de sentir e praticar o mundo — que negue Exu é, em suma, uma perspectiva contrária ao movimento e à transformação.

Exu emerge como potência para examinarmos os fenômenos constituídos no campo da linguagem, uma vez que é o comunicador por excelência. Exu é o linguista e intérprete do sistema mundo. Dessa forma, é um princípio necessário para o diálogo, elemento fundamental para qualquer processo de produção de conhecimento e da própria condição humana.

Assim, Exu configura-se como potência dialógica na medida em que pratica as fronteiras, pois não se ajusta a qualquer tentativa de controle ou de limite imposto. Exu não é nem o *eu*, nem o *outro*, ele comporta em si o *eu* e o *outro* e toda a possibilidade de encontro/conflito/diálogo entre eles. Por ser esfera que transpõe qualquer limite imposto, Exu é o próprio caminho compreendido como possibilidade, sendo assim um princípio inacabado (Òkotó).

A Pedagogia das Encruzilhadas reage com cisma e desconfiança aos regimes de verdade entoados pela razão ocidental. Regimes esses que são obcecados pela representação e classificação das experiências sob a lógica de uma circunscrição binária. Assim, a dicotomização do mundo compreende os esforços de uma política que se pretende dominante e universalista. Porém, o mundo colonial opera em uma dinâmica alteritária, em que se confrontam as suas oposições e ambivalências. A meu ver, esse traço dimensiona a necessidade que o projeto dominante tem de interditar o signo, uma vez que é ele quem esculhamba as lógicas que são fiéis às dicotomias. Por isso, nos riscados dos terreiros ele é compreendido como "+1", aquele que se soma a toda e qualquer circunstância produzindo mobilidade, transformação e multiplicação. Essa mesma lógica também o define como sendo o "3" por excelência. Cabe-me dizer que o caráter de Exu como sendo o "+1" ou o "3" não o define como um princípio dialético. A potência de Exu emerge como um princípio dialógico, ambivalente, polissêmico e polifônico. O mesmo não deve ser lido como um elemento que opera visando a formas de superação. Dessa maneira, as operações de Exu não culminam na produção de uma síntese, pois seu princípio é a caoticidade. É ele quem esculhamba a ordem, instaurando a desordem, ao mesmo tempo em que é o fiscalizador da ordem punindo os atos de desordem que venham a ameaçá-la.

Assim, o terceiro caminho próprio da potência de Obá Oritá Metá não é de forma alguma uma síntese a partir dos outros dois cursos. A noção de Exu como sendo o "+1" ou o "3" nos demanda um arrebatamento por outras formas de pensar, o que desafia os limites binários formadores de nossos padrões. A potência imantada nas noções de "+1" ou "3" marcam o caráter pluriversal, ambivalente e inacabado do signo. É nesse sentido que Exu é sempre aquele que está praticando as fronteiras, os cruzos, os vazios deixados, os entres. É nesse mesmo sentido que o signo se versa como possibilidade e imprevisibilidade, esfera impossível de ser apreendida, pois é múltipla e inacabada. É por isso que Exu serpenteia as barras do tempo, samba no fio da navalha e mora na casca da lima. Seu caráter é de ser o *múltiplo no uno* ou o um *multiplicado ao infinito*. Espreitá-lo buscando uma síntese é um equívoco, dado que o mesmo precede essas concepções. Na imagética associada a ele, Exu tem a cabeça pontuda para que não carregue fardos sobre ela. Exu é o que quiser e o faz porque pode.

Na gramática dos terreiros, os praticantes o definem assim, pois o compreendem como um princípio infinito, em permanente dinamismo. Sendo o "3" por excelência invoca a noção de que é ele que estará a cruzar toda e qualquer situação, dando o tom do acabamento provisório. Assim, como terceira via, se codifica enquanto princípio de imprevisibilidade. Em um mundo concebido e investido de poder para ser compreendido em uma lógica binária, dicotomizado pela esfera do possível e do impossível e assombrado pela regulação de se manter fiel a uma verdade enunciada e assegurada em um dos dois lados, Exu é aquele que atravessa os limites praticando encruzilhadas. Transita praticando o cruzo e instaurando a dúvida. Ah, a dúvida! (Gargalha...) Destrói, despedaça-se para que cada fragmento seja potente de nova criação (Yangí). Escorre para um caminho até então não conhecido. Samba na ponta da faca parada no ar, a linha divisória, nem um lado, nem outro, anda de viés. Ah, a dúvida... emerge enquanto possibilidade, escorre para o terceiro espaço, outros caminhos. Esse é Exu, conhecido como Obá Oritá Metá, o senhor da encruzilhada de três caminhos.

A noção de Obá Oritá Metá encarna na Pedagogia das Encruzilhadas potencializando a dúvida como energia propulsora de outras invenções. Mas, à frente, essa potência aparecerá novamente praticando outras estripulias, inscrevendo cismas. No momento, ressalto que a dúvida ofuscada pela luminosidade da certeza, própria das mentes esclarecidas do mundo ocidental, desloca-se do mero lugar de "não saber" para o tempo/espaço em que são operadas as peripécias de Exu. Em inúmeras passagens que narram os feitos de Exu, apresentam-se as traquinagens do orixá como o destronador daqueles que reivindicam as certezas assentes em regimes de verdade. A perspectiva da encruzilhada não somente se apresenta como a possibilidade de novos caminhos, mas como a rasura dos que se pretendem como únicos. Nesse sentido, a rasura não é compreendida como interdito, mas como *cruzo*, como a emergência de outras formas.

A noção de Obá Oritá Metá praticada em uma pedagogia assentada nos princípios e potências de Exu esculhamba o caráter arrogante das pretensas universalistas. A elaboração de regimes de verdades por parte do cânone moderno ocidental reduz a complexidade do mundo e opera produzindo o desencante de outros saberes, logo os transformando em modos subalternos. Assim, a pedagogia encarnada por Exu elege a encruzilhada como princípio que encontra, nos caminhos possibilitados a partir dos *cruzos*, percursos que combatam a ocidentalização do mundo. O modo que opera sob a inscrição de uma ocidentalização do mundo, ao não considerar outras possibilidades, produz em efeito o desperdício, escassez e subordinação de outras formas de ser e saber.

Considerando que o racismo se encontra atado e fortalecido nas bases da modernidade, há de se considerar o fenômeno como fundamento do paradigma epistemológico ocidental[14]. Comprometido com o combate ao racismo e com a luta por justiças cognitivas/sociais, me atenho à travessura de buscar caminhos a partir de outros movimentos, poéticas, políticas, gramáticas, cosmogonias, ontologias, epistemologias e filosofias que desestabilizem qualquer tentativa de regime totalitário. Nesse sentido, risca-se o ponto da Pedagogia das Encruzilhadas.

---

[14] Para uma abordagem do fenômeno do racismo anterior ao advento da modernidade, ver Moore, 2012.

Exu: traquinagem e estripulia, resiliência e transgressão necessária

POR QUE EXU? O que temos a aprender com ele? Talvez sejam perguntas que alguns devem fazer. Alguns caminhos apresentados e discutidos ao longo dessas páginas dão o tom da escolha. Talvez, o principal deles permeie toda a atividade de feitura dessa obra e, mais do que isso, a própria condição humana. Um dos títulos concedidos a Exu, princípio progenitor e protomatéria de tudo constituído é o que o referencia como *Onã*. Èsù[15] Onã seria o senhor dos caminhos ou aquele que é o próprio caminho. Qualificado dessa maneira, Exu é aquele que nos concede mobilidade, ritmo, movimento e, por consequência, caminhos. Cabe ressaltar que a noção de caminho endereçada a Onã se vincula à noção de possibilidades. Dessa forma, Onã é caminho circunstancial, imprevisível e inacabado. A ideia de caminho como algo determinado, linear, indicando início, meio e fim não encontra identificação nesse princípio.

---

[15] Em iorubá, a grafia da palavra Exu se dá da seguinte forma: Èsù. Utilizo a palavra escrita de forma diferente, pois considero que a grafia com x e sem os acentos remete a uma identidade afro-diaspórica.

Assim, tendo Exu como princípio operante na mobilização de toda e qualquer forma de possibilidade, podemos encarar que esse seria um elemento suficiente para justificar o porquê de sua escolha para um estudo vinculado às questões acerca dos conhecimentos e das educações. Porém, o que contraditoriamente abre o caminho para este estudo é a produção de Exu como impossibilidade pelo colonialismo. A negação desse princípio e a sua transformação no Diabo cristão guarda um tempo/espaço a ser investigado, revisto e problematizado. Mais do que ler a história a contrapelo, como nos sugere o filósofo alemão[16], hoje precisamos tirar os "demônios das garrafas".

Entretanto, antes mesmo de desengarrafá-los, precisamos considerar a possibilidade de pensarmos como aqueles que não consideram a noção de demônio, bem e mal como a projetada pelo colonialismo ocidental. Nesse sentido, cabe apresentarmos Exu nos limites do pensar iorubano e seus giros na diáspora. O orixá compreende-se como a protomatéria criadora, é a partir de seus efeitos que se desencadeiam toda e qualquer forma de mobilidade e ação criativa. Exu — na ordem do universo — é o primeiro a ser criado. É a partir de seu caráter expansivo e inacabado — Òkòtó Èsù Yangui — que advêm todas as demais criações. Dessa forma, é sob a sua figuração e seus efeitos que se compreendem os princípios da mobilidade, dos caminhos, da imprevisibilidade, das possibilidades, das comunicações, das linguagens, das trocas, dos corpos, das individualidades, das sexualidades, do crescimento, da procriação, das ambivalências, das dúvidas, das inventividades e astúcias.

Exu é o poema que vem a enigmatizar as existências, conhecimentos e movimentos do universo. E faz isso de maneira exímia ao instaurar a dúvida, as incertezas, ao nos lançar na encruzilhada. A encruza é um dos símbolos de seus domínios e potências, e tanto nos apresenta a dúvida como também os caminhos possíveis. Porém, entre o que está compreendido na cosmologia iorubana e o que foi ressignificado nas bandas de cá do Atlântico, há algumas questões. Esses nós, atados no ir e vir dos cursos

---

[16] Menção ao pensamento de Walter Benjamin.

da diáspora africana e nas complexidades dos cotidianos coloniais, dão o tom das problemáticas que envolvem a formação da sociedade brasileira e a presença das sabedorias negro-africanas aqui reinventadas.

Exu encarnado nas práticas da afro-diáspora mantém vigorosamente o seu poder inventivo e multifacetado. A sua vitalidade nos indica que a redenção colonial, em certa perspectiva, fracassou, e que as travessias dos tumbeiros codificaram o oceano enquanto encruzilhada. Porém, as significações de Exu nos cotidianos dessa margem também evidenciam as batalhas, as violências, as negociações, os autoritarismos, os regimes de poder, as transgressões, os silenciamentos e as alianças experienciadas na dinâmica colonial.

A encruzilhada colonial nos apresenta, de um lado, Exu mantenedor vital das sabedorias negro-africanas transladadas e, de outro, Exu marcado pelos investimentos coloniais/racistas, que se esforçam em transfigurá-lo no Diabo judaico-cristão. A peleja exposta nessa ambiguidade evidencia que por aqui — terras brasileiras — não se entende bem essas características distintas e duais como parte de seres diferentes, mas como partes encruzadas em um mesmo ser. A caldeira colonial forjou os elementos do projeto de dominação juntamente com os componentes herdados de outras tradições seculares, mas isso está longe de indicar uma equação dos problemas, uma possível superação dos conflitos. Pelo contrário, esses cruzamentos dão o tom de como, por aqui, não há passividade, e como as mais diferentes formas de conflito se enlaçam em uma trama complexa.

O conflito é elemento estruturante da lógica colonial. O desejo em expurgá-lo talvez nos indique uma obsessão, uma transposição do processo religioso bem *versus* mal, próprio das tradições judaico-cristãs. O fortalecimento, a subjetivação da crença maniqueísta e o uso da mesma como orientação de uma política civilizatória é algo que deve ser veementemente problematizado. Segundo a perspectiva do *ethos* judaico-cristão, não há possibilidade de se considerar parte efetiva da problemática, assim cabe a menção à frase de Sartre, que diz: "o inferno são os outros!"

O inferno são os *outros* — negros, indígenas, silvícolas, adoradores de deuses pagãos, primitivos, incivilizados, bárbaros, animalescos, desalmados, em suma, desumanos. Em uma perspectiva de mundo em que se compreende a contínua batalha da luz *versus* a escuridão, para esse modelo de ser/saber/poder só há um caminho, o extermínio. Devemos considerar que o extermínio, aqui entendido, opera de diferentes maneiras, desde a mortandade de corpos, saberes e gramáticas, até as mais variadas formas de subalternização que incidem de forma violenta transformando os ditos "outros" em não possibilidades credíveis. No cruzo da dicotomia moderna "mente e corpo", denunciamos que o extermínio das materialidades é também o extermínio dos elementos que vagueiam no plano do sensível.

As oposições bem *versus* mal estão nas bases da formação das mentalidades no mundo ocidental. As batalhas das luzes *versus* a escuridão projetam a ciência moderna — suas razões — como a prática de conhecimento que vem a produzir o esclarecimento, superando assim qualquer forma de indício "trevoso". Porém, essa ciência a serviço do esclarecimento operou/opera fielmente a serviço das pretensões coloniais, mantendo sua dominação em detrimento da subalternização e aniquilação de outras formas de conhecimento.

Assim, tanto a ciência moderna/racionalismo ocidental, quanto as políticas de expansão judaico-cristãs estiveram a serviço do colonialismo. Se a política de cristianização empregada pelo colonialismo transformou Exu em Diabo, a ciência ocidental argumentou a favor da tese de que as sociedades que praticavam Exu seriam inferiores, primitivas, incivilizadas, animistas-fetichistas, desprovidas de capacidade cognitiva que os alçasse ao progresso como via de esclarecimento, servindo de base para a formação de ideologias racistas e totalitárias. Manter Exu, princípio explicativo de mundo, sobre o aprisionamento da condição de Diabo cristão favoreceu/favorece o projeto colonial na face da redenção cristã (bem *versus* mal) e o racionalismo ocidental por via da dominação de outros conhecimentos. Porém, devemos cismar com essa lógica, já que se costuma dizer que por "aqui ninguém é santo".

Nesse sentido, retorno à narrativa popular que conta acerca do pacto que aprisiona os diabos. O Diabo enclausurado em uma garrafa velha e trancafiado por uma rolha de madeira é também conhecido por uma vastidão de outros nomes: *Cramulhão, Capiroto, Tinhoso, Sete Peles, Famaliá, Cão, Pé de*

Bode e o bom e velho *Capeta*. A travessura de trancafiar o *Tinhoso* na garrafa renderia ao sujeito autor da façanha a promessa de prosperidade, já que o *Sarnento* estaria domesticado e faria o que fosse a ele pedido. Porém, contam os mais sabidos no assunto que quem portasse o *Indesejado* em uma garrafa, no momento em que batesse as botas, o *Danado* o arrastaria, sem escalas, para o quinto dos infernos, fazendo-lhe companhia por toda a eternidade.

Atenho-me à defesa de que o colonialismo cometeu grande tragédia ao transfigurar Exu no demônio cristão. Ao praticar Exu enquanto demônio, reduziu-se a complexidade das culturas negro-africanas, esfacelaram-se modos de vida, visões de mundo, princípios explicativos e saberes necessários para a formação de uma sociedade que se oriente pela diversidade como princípio ético. Nesse sentido, o projeto colonial e sua agenda política assumiu a responsabilidade de passarmos — como na narrativa popular — a eternidade nas profundezas do inferno da negação de outras possibilidades.

Consideremos que a construção do pecado, do inferno e da morte como não salvação são prerrogativas ocidentais-cristãs disseminadas durante o longo processo de colonização/catequização. Assim, aproprio-me da imagem do homem que coloca o Diabo na garrafa para esculhambar a lógica do colonialismo na relação com as culturas da diáspora africana, na medida em que o poder colonial, através de relações de violência, demonizou parte dos saberes negro-africanos na diáspora. Essa violência expressa nas práticas de demonização dos saberes negro-africanos contribuiu para a constituição de regimes de verdade em torno da narrativa colonial, mas também o tornou refém das limitações de seu caráter monocultural e monorracional. Nesse sentido, a cultura ocidental construiu o demônio, o colocou na garrafa e garantiu sua tentativa de se qualificar como oposição ao "mal", todavia, está destinada a padecer no inferno de sua própria arrogância e intransigência.

A relação com a narrativa popular serve também para pensarmos os limites impostos pela ciência moderna, que, a meu ver, opera em grande parte no sentido de não reconhecer outras possibilidades explicativas. Fora do seu campo de produção, está fadada a ter sua "alma subtraída", vindo a padecer em um inferno constituído por ela mesma. Negando outras existências, diálogos e possibilidades, estará destinada a discursar para si, produzindo respostas para as suas próprias perguntas. Essa relação entre a narrativa popular e os exemplos apresentados só é possível a partir da orientação de que os processos de colonização são reiterados pela ciência. A ciência, portanto, na maioria das vezes se dá o direito de falar do *outro* sem sentir o mundo pela presença e o tempo/espaço do *outro*.

As imagens do demônio cativo na garrafa ou de Exu significado como Diabo são extremamente simplificadoras e descomplexificam as negociações, esquivas, golpes, frestas e seduções dinamizadas nos cotidianos coloniais. A tentativa de fixação do princípio em um dos campos opostos — bem ou mal, desvio ou regra — dimensiona a obsessão cartesiana na produção de dicotomias.

Exu, em princípio, seria uma potência indisciplinável e incontrolável, já que ocuparia todos os espaços, encarnando força mobilizadora de todas as ações, independentemente de onde ela é projetada. Ao ser invocado, é preciso considerar outras lógicas de inscrição, que se dão pela diferença cultural. Nesse sentido, Exu mais uma vez esculhamba os efeitos monológicos dos discursos presentes nos regimes de verdade ocidentais. Em uma de suas passagens, ele é o camarada que caminha sorrateiro entre os limites das moradas de dois vizinhos, dois homens de sabedoria reconhecida, que até então são bons amigos, vivendo de maneira tranquila. Porém, certo dia, ambos saem para trabalhar esquecendo-se de reconhecer as proezas e poderes de Exu sobre o mundo e os homens. O menino querido de Olodumare[17] passa serelepe entre os limites da visão dos dois moradores, tocando sua flauta, de bornal e gorro na cabeça. Para testar os homens, Exu passa da mesma maneira entre os dois, só que, na cabeça, carrega um gorro de um lado pintado de preto, e do outro, de vermelho.

Ao verem Exu, um comenta com o outro sobre o que viram, descrevendo aquela presença, e um impasse é gerado acerca da descrição da cor do gorro.

---

[17] Exu é assim citado em um dos poemas de Ifá. Olodumare é uma referência ao ser supremo na cultura iorubá. É o criador do Orun e do Ayê e também de todos os seres, inclusive os homens e os orixás.

Um querendo ser mais sábio que o outro, justifica a sua visão como sendo a correta: um defendendo que o menino levava um gorro preto na cabeça, o outro, que era um gorro vermelho. Nessa peleja em busca da certeza, do esclarecimento, da verdade e do título de sabedoria, os dois entram em um combate interminável que se encerra com ambos se destruindo.[18]

Exu é aquele que, para ensinar os homens, prega peças, desautoriza todos aqueles que se acomodam sobre a presunção de uma verdade limitadamente acabada. É ele o princípio da imprevisibilidade que utiliza da astúcia da aparência, o correlacionando ao sentido de realidade. É ele que pune qualquer forma de obsessão pela certeza, instaurando a dúvida.

Exu emerge como esfera de saber potencialmente emancipatória, pois é o próprio movimento e, por não ter arestas, é dificilmente apreendido: ao colidir com algo, se transforma em um terceiro elemento, não mais o primeiro ou segundo, mas um terceiro, um *entre*. Exercita com extrema destreza a ubiquidade, está em toda parte, olha com os olhos do *outro*, bota e tira palavras de nossas bocas, comunica através do silêncio do não dito. Para a educação brasileira — enquanto projeto social —, Exu é um elemento potencialmente transgressivo e, por isso, extremamente necessário. Incorporar Exu à educação brasileira requer uma pedagogia própria, já que a sociedade brasileira é estruturalmente racista.

Invocar Exu e seus princípios de mobilidade e de criação de possibilidades é assumir que caminharemos na exploração dos percursos historicamente negados, reinventando aqueles que, ao longo do tempo, se privilegiaram da condição de "curso único". Não é somente buscar um caminho tido como "alternativo", mas eleger aquele que foi negado porque é necessário à descolonização, já que é anticolonial. Porém, assumi-lo significa contestar não somente a demonização de Exu, mas também a santificação de outros referenciais, e isso justamente em uma terra onde ninguém é santo.

---

[18] Essa é uma das mais populares passagens de Exu no corpo de narrativas do sistema de Ifá. Outras versões dessa passagem são encontradas nas obras de Verger (2002), Mussa (2005), Prandi (2001), Beniste (2012), Martins (2011) e Gonçalves da Silva (2015).

Reivindico a máxima cunhada por Câmara Cascudo, que diz que "no Brasil quem faz o santo é o povo". Então, ser santo no Brasil compreende pensar os níveis de negociação que se estabelecem para se ter as condições e o reconhecimento do estatuto de santidade, já que aqui a pureza compreendida na ideia de santidade se contamina em meio a uma série de negociações. Em nossas bandas, baixa santo que bebe cerveja, santa metade bicho, metade gente, santo menino que come doce, tem promessa feita em terreiro e paga em igreja, santo que perde a autoridade com o fiel e santo que de vez em quando vem em terra só para curtir uns furdunços.

"Desmonizar" Exu consiste em rasurar a inscrição ocidentalista/cristã que recai sobre o seu signo. Praticar essa rasura é exercitar a compreensão de que a noção de divindade para as culturas negro-africanas, e por consequência na diáspora, não se ajusta ao *ethos* cristão. O pecado não se funde como regra e as dicotomias constituídas a partir da baliza moral de bem e mal não se sustentam.

Para aqueles alumbrados com os cotidianos e que buscam, em meio aos rodopios do tempo, pensar os processos culturais significados no curso da diáspora negra, é necessário reconhecer que a produção de conhecimento se dá a partir de uma relação de cismar aquilo que naturalizamos como tal. Para o *pesquisador cambono*[19], há uma intensa inquietude que abastece a sua atividade intelectual no tracejar dos conhecimentos. Essas inquietudes são instigadas quando ele se depara com referenciais de saber que se edificam em uma relação de superioridade construída em prol da subalternização de outras formas. A questão é que esses saberes subalternizados — historicamente — formam nossas encruzilhadas. Essas encruzilhadas cosmopolitas e pluriversais vão nos parindo para o mundo, sendo utilizadas para inúmeros fins em nossas vidas. Dessa maneira, para caminharmos nesse mundo calçado nos conflitos e negociações, convoquemos nossos Exus, pratiquemos as encruzilhadas em busca da ampliação de possibilidades, combatendo o desarranjo das memórias, a escassez e o desmantelo cognitivo produzido como política de terror e desencante nos cotidianos e esquinas do mundo.

---

[19] Simas e Rufino (2018).

Intérprete do mundo, a encruza e o preto velho

A PEDAGOGIA DAS ENCRUZILHADAS ENTOA PROVOCAÇÃO, sedução e desafio, talvez pelos ecos da palavra encruzilhada e suas associações a Exu e às demais práticas culturais codificadas nas travessias do Atlântico. Racismo e colonialismo são os alicerces do Novo Mundo, assim cabe pensarmos as suas presenças e produções a partir do que o preto velho Frantz Fanon salientou quando nos chama a atenção para encararmos seus efeitos a partir da linguagem. Essa indicação nos leva a embrenharmo-nos em uma leitura para que enfrentemos a experiência colonial. O cumba martinicano é ponta de lança; é aquele que vai à frente, com as devidas licenças e honras a Exu, é o mateiro que nos guia na selva denominada colonialismo; nas trilhas abertas pelas lâminas afiadas de seu pensamento, seguem muitos outros que em conjunto fazem o translado.

Vamos pensar o mundo, o nosso tempo e as possibilidades de transformação. Assim, reivindico como flecha a educação e sugiro que a partir dela deveremos considerar que os fenômenos humanos, processos e práticas culturais se tecem em cotidianos permeados pelos efeitos da raça, racismo e dominação colonial. As educações em curso na sociedade brasileira são plurais, assim, existem modos conservadores, mantenedores de desigualdades, redutores da complexidade do mundo, violentos, irresponsáveis, modos calçados no pilar da política colonial. Ao mesmo tempo, há outras possibilidades, outros modos, emergentes, transgressivos, inconformados, rebeldes e comprometidos com a libertação.

É na ambivalência do contexto apresentado acima que risco o ponto da Pedagogia das Encruzilhadas, e é nesse mesmo quadro que se destacam inúmeras presenças. Corpos, sons e vozes enredadas integram discursos que cruzaram o oceano, dinamizando as invenções nas travessias, codificando o mundo moderno enquanto encruzilhada. Ouviremos esses discursos, mas cabe a nós nos permitirmos encantar por eles para, então, arriscarmos enfrentar seus enigmas e aí produzirmos as incisões de guerra e o lançamento de um ponto firme, bem atado, que sustente a nossa toada.

Cabe ressaltar que a presença, a força do *ser* está atrelada à sua produção discursiva. A linguagem como ato é a própria manifestação das existências. Como diriam os jongueiros em sua filosofia da linguagem: "palavra não se volta atrás". Da mesma forma que um sujeito não se banha igualmente duas vezes em um rio[20], a palavra é caminho percorrido pelo ser, é estado e condição de sua presença no mundo. Porém, mesmo quando não há a palavra, se continua a produzir a comunicação. O discurso, como tratado aqui, engloba as múltiplas formas de enunciação e interação no vasto campo das linguagens. Assim, fala-se no não verbal, fala-se no não dito, registra-se nas mais diferentes formas a intervenção e a presença do ser. A comunicação, as gramáticas e seus atravessamentos são estripulias de Exu. Onde quer que se estabeleça comunicação, Exu está a passar e a pregar suas peças.

Lancemos nossas escritas/presenças nas giras traçadas do tempo. Em alguma esquina um homem bebe. Cumpre-se o rito: o primeiro gole é ofertado ao santo. Exu é sempre o mote, é primordial, cada palavra aqui escrita é dedicada a ele e encarna parte de suas potências. Exu está nas palavras de Fanon e o arrebata como cavalo de santo, o faz poeta jongueiro e faca de ponta de capoeira. Exu está nas pontes alçadas pelos discursos,

---

[20] Menção ao pensamento do filósofo Heráclito.

sejam eles proferidos por meio de palavras, imantados com saliva, hálito, sopro e ritmo, ou através de outras formas, enunciadas com os corpos e encantadas no transe. Exu é o senhor de todos os signos e sentidos. Em alguma esquina, um homem bebe, é Frantz Fanon. Ah, Exu está por lá! Em cada vibração, Exu está a fazer rodopio nos quatro cantos do mundo.

Pratico encruzilhadas e invoco a presença dessa voz ancestral, Fanon, para o riscar reflexões que aqui estão mobilizadas por um pulsar exusíaco. Nesse sentido, Frantz Fanon emerge nessas encruzas textuais como *cumba*, poeta feiticeiro, aquele que conhece e detém o poder sobre as palavras, dado que as lança nos produzindo encantamento, nos amarrando. Essas amarrações, por sua vez, são repletas de potências tensionadoras. A obra de Fanon, a meu ver, cruza-se com a lógica das sabedorias dos velhos cumbas jongueiros e da macumba carioca. Se tivesse nascido no Brasil, em outra encruzilhada-mundo, mais especificamente no Rio de Janeiro, e transitado pelos subúrbios ou pela zona portuária, teria disputado versos com Mano Elói, seu Aniceto, seu Manuel Bam Bam Bam, seu Fuleiro e outros grandes nomes hoje lembrados e vivos na casa dos ancestrais.

Leio a crítica pós-colonial como toda e qualquer forma de enunciação subalterna. Assim, as narrativas do jongo, das macumbas, capoeiras, entre outras inúmeras práticas, sejam verbais ou não verbais, são discursos pós-coloniais, pois emergem como possibilidades credibilizadas a partir de uma virada linguística. Nessa perspectiva, o discurso pós-colonial rompe com uma centralidade conceitual exclusiva do âmbito acadêmico. A meu ver, o principal indício que vem a fortalecer essa perspectiva é a força presente no verso jongueiro: "Canoa de arariba, remo de araribá, a canoa de jongueiro tem boca e sabe falar".

Assim, para uma leitura de mundo que emerge das encruzilhadas, tudo é uma questão de ponto de vista. Independente de qual roupagem vistam os discursos, cabe salientarmos as potências que os mobilizam. Os mestres jongueiros já nos haviam deixado o ensinamento de que as palavras são flechas que saem da boca. E aí, meu camaradinha, se existe alguém que lançou flechas bem atiradas, foi Frantz Fanon. Se quisermos considerar essas palavras nas dimensões do que está inscrito na sua obra, diria que a sua caneta operou como a navalha de um capoeira, um daqueles míticos, do tipo que não existe mais.

A partir dessas inspirações, venho destacar que Fanon desempenha diferentes façanhas. Na obra *Pele negra, máscaras brancas* (2008), lá está o mestre jongueiro, o senhor das palavras, aquele que pratica a dobra na linguagem, o que espreita e lê nos versos o mundo, seja nos versos saídos das bocas ou inscritos em outras dimensões discursivas. Pela agilidade de seu pensamento e a capacidade de improvisar novos pontos que nos amarram, nos prendem, nos incomodam e dilaceram, o autor, de forma única e sagaz, lê as dinâmicas do mundo colonial e de seus seres.

Lá está Fanon nos convocando para a roda para gritar em forma de toada que a experiência do racismo conforma um dos mais bem atados nós produzidos pelo colonialismo. Com a maestria de um poeta feiticeiro, não só dá conta do ponto amarrado como lança um novo, que nos coloca implicados em desatá-lo. Esse novo verso parido de suas vibrações é comprometido com a emergência de um novo humanismo. A toada prolongada por Fanon é, hoje, vastamente alargada e conhecida como parte da crítica pós-colonial, palavras que defendo terem sido colocadas em sua boca por Exu, além de repartidas nas bocas e corpos dos povos da diáspora negra.

Na obra *Os condenados da terra* (1961), está lá o mesmo mestre. Não exatamente o mesmo, uma vez que, como bem colocado pelo próprio, a dinâmica de sobrevivência no mundo colonial é de estar em constante alteração. Assim, Fanon atua com potência inconformista, rebeldia e tom revolucionário diante das atrocidades do cotidiano colonial. Porém, na obra, vale o destaque para sua maestria não somente nas artes das palavras, mas também nas performances não verbais. O corpo, em sua integralidade, imanência, explosão, transgressão e rebeldia, emerge como lócus das transformações radicais. Agora está lá não só o cumba, mas também o capoeira.

A palavra e o corpo nunca se desassociaram, são fundamentadas no mesmo princípio que é Exu. O corpo (campo produtor de discursos verbais e não verbais), assente em outras formas de racionalidade, como destacado nas sabedorias transladadas pelo Atlântico, é dotado de uma inteligência integral. A sapiência do corpo é o que chamo de *mandinga*, inteligibilidades próprias de um amplo complexo de saberes que se codificam e se expressam a partir do que conceituo como *incorporação*. Essas duas noções estão amplamente presentes nas práticas culturais cruzadas nos fluxos da diáspora africana e são fundamentadas nos princípios de Exu. Por serem noções que se referem a saberes não apreendidos pela lógica homogeneizadora do colonialismo ocidental, são integrantes do que traço como Pedagogia das Encruzilhadas.

A *mandinga* é a sapiência do corpo, é o saber que é lançado ao mundo a partir dos princípios e potências corporais. A *mandinga* está expressa também na fala, já que não há separação entre o que é dito verbalmente ou não verbalmente. Tudo que é textualizado nas mais amplas possibilidades de linguagens parte de uma experiência de saber que transita pelo corpo, enquanto agente coletivo e individualizado que é. Porém, a agência modernidade/colonialismo investiu de maneira ampla e sofisticada na regulação e vigilância dos corpos, e mais ainda acerca do que é possível enquanto saber. Nesse sentido, as validações do que é saber perpassam basicamente pela razão como parâmetro de reconhecimento e autorização produzido e regulado pela lógica ocidental. As consequências dessa operação são as negações de toda e qualquer forma de saber que se codifique nas dimensões do corpo.

O reflexo das práticas centradas na mentalidade dominante foi expresso nas políticas coloniais que instauraram o corpo como fonte e campo fértil da propagação do pecado e dos estímulos e impulsos não racionais. O corpo, não dotado de racionalidade, foi separado da cabeça, símbolo da razão/consciência humana, e cintura, tronco e membros passaram a ser mantidos nos limites da compreensão dos impulsos primitivos e animalescos. Objetificado, violentado de inúmeros modos e vitimado por uma forte regulação e vigilância que impediu o recurso das falas negras em suas formas maternas e impôs a adesão de outra língua sob a prática da conversão/catequese, o corpo transgrediu a regra, potencializando formas de criação a partir das linguagens não verbais. O que não podia ser dito de um jeito foi dito de outro, e o que era negado pela política vigente foi autorizado sob a perspectiva da negaça.

É nesse sentido que se expressa o que conceituo como *mandinga* — sapiência do corpo — articulado também ao conceito de *incorporação*. A *incorporação* indica as operações do duplo interdito/astúcia, uma vez que as reflexões calçadas nos limites da mentalidade ocidental, assombradas por uma longa e metonímica tradição discursiva cristã, consideram o ato como o corpo tomado por um impulso não humano, não racional e não consciente. Esse fenômeno, por escapar dos limites das possibilidades explicativas centradas na razão ocidental, é tratado como diabólico, devendo ser repreendido e expurgado. A incorporação, tratada a partir dessas considerações, é vinculada à noção de possessão, a que se vincula a máxima "sai desse corpo que não te pertence". Porém, o que defendo aqui como conceito de *incorporação* é o que se articula à noção de *mandinga*.

Assim, a *incorporação* são os processos educativos, formativos e as redes de saberes que compõem o quadro dos repertórios que podem vir a ser expressos como *mandinga*. Se há um saber que é expresso a partir dos princípios e potências do corpo, esse mesmo saber é devidamente *incorporado* por esse mesmo suporte. Os saberes estão a ser significados e circulados no mundo em diferentes formas de experiência, o corpo como um sistema cognitivo amplo e complexo os incorpora e expressa em forma de *mandinga*. A ginga, o drible, o andar de viés, a cintura desprezada não são saberes inatos, são saberes aprendidos ao longo de experiências codificadas em processos educativos próprios. O capoeira que transforma o escorregão em arte não carrega o Diabo cristão em seu gingado — o mesmo expressa seu bailado incorporando outros saberes que estão a cruzar o mundo. *Mandinga* e *incorporação* são noções imbricadas e assentes nos princípios e potências corporais encarnados pelas potências de Exu.

Dessa forma, o protagonismo de Fanon como cumba e capoeira ressalta os aspectos potentes das palavras e dos corpos em performance. Diante disso, o que destaco é o caráter tático de seus saberes e operacionalidades. No jongo, se evidencia a palavra como arma; na capoeira, o corpo é exaltado como artimanha de guerra, contudo, tanto no jongo quanto na capoeira, palavra e corpo se fundem e se remetem a uma dimensão da vida que deve ser encarada como um *campo de mandingas*, tempo-espaço onde esses saberes devem ser praticados.

Ah, se Fanon tivesse nascido no Brasil, mais precisamente no Rio de Janeiro ou na Bahia, seria herdeiro dos antigos malandros cariocas ou dos valentões baianos. Andaria pelos portos e mercados, entortaria os bigodes dos chefes de polícia, colecionaria quepes dos policiais, quebraria as pontas de seus sabres, derrubaria cavalos, provocaria arruaças, desfilaria nos blocos de arenga, beberia cachaça na Festa da Penha, destruiria plantações no recôncavo, não admitiria nenhuma ofensa e injustiça contra o povo preto/pobre, faria do seu corpo amuleto e arma.

O corpo como esfera de saber é aquele que transgride a violência e a opressão inscrevendo formas de luta e possibilidades de reinvenção de si. O *corpo-amuleto*, inspirado nas problemáticas próprias daquilo que chamo de uma *filosofia da mandinga*, é aquele que invoca as potências que subvertem as lógicas de objetificação corpórea produzidas pelo colonialismo. O *corpo-amuleto* é o corpo fechado, o corpo transformado em totem; é o que fez Besouro voar e somente ser vencido à traição; é o corpo de Cobrinha Verde, que, sendo alvejado por dezesseis policiais, não tomou sequer um único tiro; é a cintura desprezada de Bimba.

O *corpo-amuleto* é o que *incorpora* — experiências e processos educativos — signos/sentidos de mundo, os transforma, os encruza e os manifesta em forma de *mandinga* — sapiência corpórea inscrita no movimento e na magia. O *corpo-amuleto* só se satisfaz no jogo porque é lá que se nasce e morre para ser recriado enquanto movimento. O *corpo-amuleto* é ritualisticamente fechado, mas pode vir a ser aberto, a lógica imperativa é a da fresta. Por isso, há de se tomar cuidado com as *facadas conversadas*[21]; por isso, vestem-se esses corpos com patuás, formas materializáveis dos segredos de proteção e encantamento. O *corpo-amuleto* transgride a lógica objetificadora da empresa colonial, que investe ou no corpo de interditos e pecados, ou no corpo banalizado como mercadoria. O *corpo-amuleto* se inscreve em uma lógica em que ressurge como símbolo próprio de uma devoção profana.

Não à toa, Fanon debruçou-se sobre a problematização da lógica da violência, fidelizando-se às questões que permeiam as lutas de libertação. Apontou-nos que toda violência praticada pelo colonialismo, incidida

---

[21] Golpes de traição.

direta ou indiretamente sobre o corpo do colonizado, vem a lhe produzir um determinado trauma, seja nas torturas, nos assassinatos, nos aprisionamentos, nos estupros, explorações ou entre tantas outras formas de não ser. Assim, as contribuições das duas obras de Fanon aqui citadas podem ser lidas de forma cruzada, na medida em que a violência é encarada como lógica que, em suas operações, constitui uma linguagem própria. Como sopraria o velho cumba, o colonialismo é um estado de terror, não há razão, é violência em estado bruto.

Aí está o capoeira, escreve como quem retalha um corpo com a sua navalha e deixa exposta a sangria que, desatada, embebe o chão e redimensiona o sentido do sacrifício nos embates cotidianos por sobrevivência no mundo colonial. Fanon é o poeta feiticeiro e o capoeira. Ambos aspectos aparecem como classificações desqualificadas no prisma do colonialismo, cristianismo e modernidade. Planificadas nas condições de macumbeiro e vadio pela lógica colonial, podemos cruzar essas referências e reapresentá-las como potências de descolonização. A macumba, complexo de saberes codificado nas travessias, experiência inventiva de organização de repertórios culturais que dimensionam as práticas de saber e cura das populações em trânsito na diáspora africana. Vadio, condição subalterna inscrita sob a incisão regulatória do crime de vadiagem, que o praticante ressignificou como vadiação no sentido de uma experiência lúdica e combativa de sobrevivência em um campo que não lhe é próprio.

Invocar Fanon como cumba e capoeira é consequência do *cruzo*, perspectiva própria da Pedagogia das Encruzilhadas, além de ressaltar aspectos da presença dos princípios e potências de Exu em sua obra, mais especificamente no que tange às dimensões dos discursos, sejam eles verbais ou não verbais. Destaco ainda que o ponto alto da articulação do cruzamento de Fanon como cumba e capoeira está no que podemos chamar de uma *política traçada* da diáspora africana. Ou seja, a diáspora africana como um acontecimento de dispersão e despedaçamento de sabedorias, identidades e sociabilidades se forja como um assentamento comum agenciando um complexo poético/político no próprio trânsito. Aí está o nó atado, a diáspora africana se forja enquanto possibilidade à medida que os agentes envolvidos são produzidos como impossibilidade pelo advento colonial.

A presença de Fanon destaca-se como precursora da crítica pós-colonial, mas essa potência estaria também nos amarrados dos jongueiros, nas vadiações dos capoeiras e nos ebós arriados em cada esquina, como marcas tecnológicas de um mundo que coexiste com aquele projetado como único. Assim, poderíamos levantar a questão: teria sido Fanon incorporado por um velho cumba ou por um perspicaz capoeira?

Ah, meus camaradinhas, o rio é fundo, como pedra miúda que sou, me coloco a me banhar na beirada. O que importa é que aqui estão todos sendo lembrados na casa dos ancestrais e por isso continuam vivos, são todos um SIM vibrando no mundo. Uma das intenções do projeto colonial foi produzir um amplo esquecimento sobre as formas não assentes em seus limites. Assim, se essa foi uma das pretensões de ordenação praticada pelo projeto político colonial, Exu encarna aqui o caráter da desordem, próprio dele, a esculhambar com essa lógica. As histórias narradas pelo ponto de vista do colonialismo devem ser lidas para que não acreditemos nelas. As histórias narradas pelas vias do assentamento da diáspora africana devem ser lembradas, uma vez que, sob a perspectiva desse assentamento, só há morte quando há esquecimento.

Exu é o senhor de toda e qualquer forma de linguagem e comunicação, assim como também é o dono da encruzilhada. Além disso, Exu é quem vem primeiro e é sempre o primeiro a comer. Portanto, tratemos de dar de comer a Exu para que ele não nos engula. Já engolidos ou não, Exu nos tensiona para a reinvenção, nos cospe, nos restitui. Ele é movimento, é transformação. No riscar da Pedagogia das Encruzilhadas, os referenciais foram lançados a ela — a encruza — e por lá encontraram quem veio primeiro. Gargalha, Exu, gargalha... Aí estão os meus devidos cumprimentos. Uma pedagogia assentada em seus princípios e potências é radicalmente transgressiva, mira o mundo e pratica o *cruzo*.

Agora, lá está na encruza Fanon, ao mesmo tempo o velho cumba e o jovem capoeira. Exu, aquele que veio primeiro, senhor das astúcias, das festas e frestas se imbrica a ele. Sem distinção brindam a saideira. O tempo rodopia em sua espiral, em cada esquina, em cada encontro se encanta o chão com marafo para seguir a caminhada.

Axé e Exu: aquele que carrega o fundamento da vida

Elogiado é o espírito do mensageiro divino.[22]

OLORUN É O SER SUPREMO; todas as existências, as já criadas e as que ainda estão por vir, emanam de suas vibrações. Orunmilá, "testemunho do destino" e porta-voz de Olorun na terra, nos ensina que em determinado momento os orixás recorreram a ele rogando por poderes. Os orixás ainda não dotados de todas as potências que hoje conhecemos viviam junto aos humanos, dos quais não se distinguiam, e a toda necessidade reportavam-se aos conselhos de Orunmilá (Ifá).

Porém, Orunmilá andava angustiado com a reivindicação dos orixás. O grande senhor do conhecimento tinha por todos o mesmo apreço e não podia privilegiar uns com mais poderes que outros. Assim, ele, que é a própria sabedoria, se recolheu e se colocou a refletir. Certa vez, caminhando solitariamente e pensando sobre o dilema que vivenciava,

---

[22] Trecho de um oriki de Exu.

encontrou com Agemo, o camaleão. Agemo o interpelou sobre o que lhe causava preocupação. Orunmilá dividiu com Agemo suas angústias acerca do pedido dos orixás, que o camaleão ouviu atentamente. Agemo sugeriu, então, a seu amigo que talvez o melhor fosse deixar a distribuição dos poderes, que os orixás tanto pediam, lançadas à sorte de cada um. Sugeriu que Orunmilá avisasse a todos o dia, a hora e o local de distribuição dos poderes e que, com todos ali presentes, eles fossem lançados para que os orixás pudessem recolhê-los. Orunmilá agradeceu e bendisse o nome de Agemo, o camaleão.

Assim, o senhor do destino e da sabedoria seguiu os conselhos de seu amigo e, no dia marcado, cumpriu o combinado. Diferentes potências foram lançadas, os orixás correram para todos os lados, cada um buscando recolher o máximo de poderes que conseguia. Ogum, Okô, Xangô, as Yabás, Obaluaiê... todos ali estavam jogando com a sua própria sorte, porém, Exu foi um dos mais persistentes e não hesitou em empurrar aqueles que estavam à sua frente. Com toda a sua habilidade, artimanha e ginga, Exu foi o que conseguiu apanhar grande parte dos poderes, entre eles o de ser o guardião do axé de Olorun. Assim, como guardião do axé, Exu passou a ser aquele que é respeitado e temido pelos seres humanos e demais orixás[23].

Na cosmogonia iorubá e consequentemente nas invenções paridas nos cruzos transatlânticos, Exu é a autoridade dos poderes divinos com os quais Olorun criou o universo. O axé se imanta, se guarda, se transmite e se multiplica via suas operações, atos que definem a sua própria existência/condição enquanto ser/acontecimento múltiplo e inacabado. Assim, o conceito de axé enquanto energia vital, tanto na cosmogonia iorubá quanto nas "cosmovisões traçadas" da diáspora, está estritamente vinculado a Exu.

Ressaltar os vínculos entre o axé e Exu é fundamental para a credibilização da encruzilhada como disponibilidade conceitual que aponta outras possibilidades de problematização da vida, da arte e dos conhecimentos. Assim, a educação, como um fenômeno atado entre essas três dimensões,

---

[23] Essa narrativa está presente no corpo poético de Ifá.

emerge como uma problemática não somente humana mas também como uma questão inscrita nos termos do axé. Isso se dá uma vez que — enquanto experiência — a mesma só é possível a partir da mobilização das energias vitais encarnadas nos seres e nas suas respectivas práticas.

Retornemos aos princípios explicativos assentes na cultura iorubá e nas experiências afro-diaspóricas. O axé, enquanto elemento que substancia a vida, só é potencializado, circulado, trocado e multiplicado a partir das operações de Exu. É o orixá primordial, que, por seu caráter enquanto princípio dinâmico, corre mundo cruzando as barras do tempo, dinamizando as energias vitais que encarnam tudo o que é criado. Ainda nesse sentido, me cabe dizer que a função de Exu, enquanto portador do axé, é crucial para a compreensão dos conceitos de vida e morte nas culturas negro-africanas. Axé e Exu são conceitos fundamentais, que nos possibilitam a prática de um *rolê epistemológico* em torno de noções que sofreram intensa supressão ocidental. O axé compreende-se como a energia viva, porém não estática. É a potência que fundamenta o acontecer, o devir. Essas dinâmicas de condução do axé se dão por meio de diferentes práticas rituais, e o axé é imantado tanto na materialidade quanto no simbólico, expressando-se como um ato de encante.

Dessa forma, sendo um elemento dinâmico que pode vir a ser conduzido para a potencialização do ser/saber por meio de sua circulação, troca e multiplicação, o axé também pode sofrer desencante, perda de potência. Como todo elemento vivo, também ele necessita de mobilidade para se manter pujante. É nesse sentido que Exu emerge como um poder fundamental à dinâmica do axé e, consequentemente, das existências/experiências. O orixá, sendo o próprio movimento, é aquele que cruza todas as atividades que poderão influenciar a potencialização ou a perda de axé.

A relação entre Exu e axé nos lança em um campo de possibilidades pautadas nas dimensões do encante e desencante. Esses dois termos são fundamentais, pois rasuram a oposição vida e morte. Tomando como base os fundamentos de Exu e axé, a vida pode se tornar morte, e a morte pode vir a ser vida. Essas noções, que em uma leitura ocidentalizante aparecem em oposição, lançadas na encruzilhada, tendem a transgredir os limites impostos. Isso se dá pois, onde opera o encante, opera o movimento contínuo e inacabado da vida. Enquanto a vida se inscreve como possibilidade, ciclicidade e continuidade consagrada pelos ritos, a concepção de morte se inscreve como a dimensão do esquecimento, do desencanto.

O projeto colonial compreende-se como um projeto de mortandade, calçado na produção do desvio existencial e da aniquilação de saberes. O colonialismo codificou a credibilidade e a edificação do ocidente europeu a partir da pilhagem de corpos negro-africanos e ameríndios. Esse massacre corresponde à ausência e a descredibilidade incutida às populações não brancas. Porém, a continuidade da vida enquanto possibilidade — resiliência e transgressão — é produzida pelas populações que foram subordinadas a esse regime a partir das vias do encante. Assim, emerge a dimensão do culto à ancestralidade, à metafísica e às tecnologias macumbísticas que forjam um arsenal de ações descoloniais que vitalizaram/vitalizam as formas de invenção e continuidade nas frestas.

Em outra perspectiva, o ser vivo, unicamente, enquanto peça produtiva, o engendra na condição permanente de desencante. A desigualdade, o trauma, o banzo, o desarranjo das memórias e o desmantelo cognitivo são efeitos do contínuo de desencantamento operado pelo colonialismo. As sabedorias de terreiro da afro-diáspora, em um sentir/fazer/pensar para além da fixidez na concretude, já versariam que os elementos despotencializadores do ser são contra-axés, forças prejudiciais às energias vitais. Assim, em uma lógica em encruzilhadas, que mira outros caminhos, salta em fuga e ganha terreno praticando *rolês epistemológicos*, eu digo: o substantivo racial e as suas derivações são os contra-axés do Novo Mundo.

A marafunda colonial se versa no tom do desencante, atenta contra a vida, uma vez que desperdiça as experiências possíveis e propaga a escassez. Sendo elemento de vitalidade transmitido, trocado, compartilhado e multiplicado, o axé emerge como o fundamento que rasura a lógica desencantadora perpetrada pelo regime colonial. Ainda, dinamizado por Exu, sendo ele o seu portador e aquele que permite o devir, outras lógicas se inscrevem a partir de sua atuação. Dessa forma, onde há desperdício, se cruza a pluralização, onde há ausência, se cruza a mobilidade, onde há conformidade, se cruza a rebeldia, onde há normatização, se cruza a transgressão, onde há escassez, se cruzam as possibilidades.

A encruzilhada que vivemos lança a nós uma questão: como combater o desperdício, a escassez e o desencante propagado por um regime contrário à vida? Como já dito, reafirmo mais uma vez, a encruzilhada é o lugar onde se engole de um jeito para cuspir de maneira transformada. Mareia-se nas nuvens de marafo esguichadas ao ar, ofertam-se perguntas na barra do tempo, lá onde a pedra que não foi lançada atravessa o tempo... Onde meninos montam em formigas, Elegbara vadia alegre sambando na ponta do sabre. Exu não carrega fardos na cabeça, é corpo integral ritmado pelo pulsar gingado. No seu bornal, o moleque travesso enfia as cabeças de rei que decapitou e, ao tirá-las de volta, brotam soluções. Assim, lançando mão de uma Pedagogia das Encruzilhadas e ampliando a noção de terreiro para pensarmos o mundo, eu digo: a educação é axé que opera na vitalização dos seres; contudo, assim como o fundamento do axé, necessita das proezas de Exu, movimentos e cruzos.

Cabe-me dizer que a educação como axé que reivindico não é necessariamente um modelo de experiências/aprendizagens codificadas estritamente em contextos de práticas culturais afro-religiosas. O que é comumente chamado pelas comunidades de terreiro de *educação de axé* compreende-se como os processos educativos vividos nos cotidianos dessas populações, uma espécie de *habitus* experienciado no tempo/espaço dos contextos afro-religiosos. Essas formas de educação praticadas nesses contextos educativos redimensionam a problemática educativa em relação à diversidade, revelando modos de educação como cultura.

A *educação de axé* reivindicada pelos praticantes das comunidades de terreiro opera como uma espécie de educação intercultural, que vincula a experiência social do terreiro, balizada em suas tradições, com o restante do mundo. Nesse sentido, essas experiências revelam um modelo de educação, modo de sociabilidade orientado pela organização comunitária. O que lanço como perspectiva de pensar educação como axé inspira-se nessas experiências, dialoga com as mesmas, mas mira o alargamento do terreiro para pensar o mundo. Ou seja, não é necessariamente trazer as formas já codificadas nos terreiros como opções, mas reivindicar a disponibilidade conceitual do axé para a produção de outros caminhos, estes encruzados.

É fundamental que pensemos a potência do conceito e suas possibilidades de alargamento para além das suas aplicações e sentidos nos limites de determinadas práticas rituais. O elemento axé é um princípio da vida, assim como Exu e outros conceitos assentes na cultura iorubá nos permitem a exploração de outras possibilidades. As encruzilhadas nos permitem ler as gramáticas dos terreiros cruzadas a tantas outras e adentrar esses outros caminhos. As encruzilhadas versam acerca da pluralização, e seu caráter descolonial (transgressão e resiliência) advém dos cruzos, da reivindicação da não pureza, dos efeitos de Enugbarijó e das sabedorias fronteiriças, aquelas praticadas nas frestas. O *cruzo* em si, como conceito assente na Pedagogia das Encruzilhadas, se expressa como mobilização do axé.

Assim, percebemos que a problematização aqui lançada apresenta uma diferenciação sutil no que tange às noções de *educação de axé* e *educação como axé*. É importante ressaltar que esses dois termos, por mais que apresentem diferenciações de perspectiva, estão necessariamente imbricados um ao outro. Dessa forma, ao pensar em *educação como axé*, minha proposta é que consideremos o fenômeno educativo, em sua radicalidade, como um fenômeno oriundo da existência e da dinâmica das energias vitais (axé). A educação enquanto um fenômeno radicalizado no humano emerge como uma problemática filosófica que nos interroga sobre diferentes questões em torno do ser, do saber, do poder, do interagir e do aprender. Esse fenômeno está diretamente vinculado à experiência com o outro, tem como natureza radical a sua condição dialógica, diversa e inacabada. Por não ter fuga, inscrevendo-se como um ato de responsabilidade, a educação, nesse sentido, é logo uma problemática ética.

Assim, o conceito de axé emerge como caminho para inscrevermos a educação. Dessa maneira, lançamo-nos mais uma vez em um *rolê epistemológico* para também praticarmos um *ebó epistêmico*. A codificação de uma pedagogia em encruzilhadas só é possível a partir de uma educação que opere como axé. Ou seja, um fenômeno parido de nossas energias vitais, que se lance em cruzo, que circule e se multiplique de forma diversa e inacabada, produzindo encantamento, potencialização da vida em toda a sua pluralidade.

Exu, como portador do axé de Olorun, é também o fiscalizador da ordem das existências. Ele pratica a ordem fazendo desordem, é o caos criativo, o princípio dinâmico de tudo que é criado e do que está por vir. Assim, o seu caráter enquanto fiscalizador está diretamente implicado naquilo que concebemos como uma ética responsiva. A meu ver, a interdição de Exu pelo projeto colonial é um dos principais fatores para a produção de experiência humana (educação) calçada no monoculturalismo, na escassez e na miséria. Se o fundamento do axé está a cargo de Exu, como bendizer o humano e seus feitos destituindo aquele que é a mola de toda e qualquer existência? Ah, camaradinhas, isso nós já conhecemos bem. O estatuto de humanidade edificado pelos arquitetos do edifício colonial vai de encontro às potencialidades de todo e qualquer *ser*. Ata-se a marafunda, lança-se o verso da "humanidade desumana". Destituir Exu é destituir a vida, posto que, sem ele, o axé (energia vital) não pode ser dinamizado. Assim, reafirmo algo já dito anteriormente, uma educação (experiência humana) que não considera Exu, suas operações e efeitos é, em suma, uma educação imóvel, avessa à vida, às diversidades e às transformações.

A Pedagogia das Encruzilhadas rasura as bandas de um mundo cindido, é o corpo de Bara que vagueia no impulso da vida para ocupar os vazios com a sua presença. O antirracismo presente nessa potência encruzada reivindica uma nova dimensão para o humano. A descolonização inscrita nesse riscado está para além da negação total daquele que nos colonizou e da reivindicação de uma essência que não carregue marcas dessa contaminação. É Exu enquanto senhor da terceira cabaça que cruza tudo e transforma a realidade em algo que não é mais os elementos que se tinha antes.

Na encruzilhada, cisca o vivo que imanta o ciclo. É lá que se acende a vela e se vela a vida. É lá que a oferta atirada hoje acerta o desejo de ontem. Na encruzilhada é que vadia o moleque travesso que guarda o segredo da vida, o sopro do ser supremo, o axé de Olorun. Na esquina do tempo, arreio um *ebó cívico*, ato poético/político/ético para que se abram novos caminhos para praticarmos nossas virações de mundo.

Para que e para quem uma Pedagogia das Encruzilhadas?

PARA QUE E PARA QUEM É LANÇADA A PEDAGOGIA DAS ENCRUZILHADAS? Desatemos uns nós para atarmos outros. A pedagogia riscada nas potências de Exu é verso encarnado, o mesmo corpo que pratica a esquiva é também o corpo que desfere golpes, a mesma boca que cospe a palavra que bendiz é também a que amaldiçoa, amarra e desata, encanta e desconjura. Contudo, ainda que a dinâmica seja ambivalente, tanto a esquiva quanto o golpe, a defesa ou o ataque, na lógica das encruzilhadas, só é possível na ginga. Os saberes em encruzilhadas são saberes de ginga, de fresta, de síncope, são mandingas baixadas e imantadas no corpo, manifestações do ser/saber inapreensíveis pela lógica totalitária. O corpo, a dimensão primeira do ser no mundo, a esfera de Bara e Elegbara, é a instância radical dos seres, ou seja, a inscrição do saber e da presença em transe nos cursos do Novo Mundo. A pedagogia das encruzas é parida no entre e se encanta no fundamento da casca da lima, é um efeito de cruzo que provoca deslocamentos e possibilidades, respondendo eticamente àqueles que historicamente ocupam as margens e arrebatando aqueles que insistem em sentir o mundo por um único tom.

Assim, radicada no movimento que precede toda e qualquer construção, a Pedagogia das Encruzilhadas não se fará de rogada, a mesma é invocada e encarnada como operação de transgressão dos parâmetros da colonialidade. Aliás, a colonialidade, a que chamo de marafunda e carrego moderno ocidental, atravessa os tempos, as existências e as suas respectivas formas de interação. A marafunda colonial é o termo que reivindico para dimensionar os efeitos do colonialismo europeu ocidental como uma espécie de maldição. Assim, meus camaradinhas, o trauma corre em aberto, a produção de violências por parte desse feitiço de perda de potência e de desencante da vida nada mais é do que as operações e o lastro da presença da colonialidade.

O projeto da pedagogia montada por Exu se lança como uma ação de encantamento e responsabilidade com a vida frente às violências operadas pelo racismo/colonialismo. Exu, nesse caso, além de um signo complexo, mantenedor de múltiplas potências, destaca-se como uma esfera de problematização da vida em sua diversidade. Por ser um signo que epistemiza as noções acerca da vida, é totalmente contrário às formas de castração, escassez, controle, vigilância, encarceramento e monologização.

Nesse sentido, me cabe uma breve problematização em torno da noção de pedagogia, uma vez que venho propor essa "tal" encarnada pelos poderes — princípios e potências — de Exu. Assim, me cabe dizer que a noção de pedagogia aqui proposta se vincula diretamente à emergência de novos seres/saberes, esses paridos pela dinâmica encruzada e conflituosa das travessias transatlânticas. A pedagogia como a reivindico compreende-se como um complexo de experiências, práticas, invenções e movimentos que enredam presenças e conhecimentos múltiplos e se debruça sobre a problemática humana e suas formas de interação com o meio. É nessa perspectiva que a educação, fenômeno humano implicado entre vida, arte e conhecimento, torna-se uma problemática pedagógica.

A educação é um fenômeno que, além de tão diverso quanto às formas de ser e praticar o mundo, por ser demasiadamente humano, está implicado a uma dimensão ética de responsividade/responsabilidade com o *outro*. Ao longo da expansão do colonialismo, formas de gerenciamento da vida foram codificadas, perpetradas e propagadas por aqui. Um *modus* que vitaliza um espectro que opera na codificação de uma agenda política/educativa composta por repertórios de práticas produzidos e disseminados pelos colonizadores. Esse *modus* forjou mentalidades, linguagens, regulações, traumas, dispositivos de interação social e trocas simbólicas. Assim, podemos dizer que, ao longo de mais de cinco séculos, se molda nas forjas da empresa colonial uma educação que atende às demandas desse regime de ser/saber/poder.

A luta por outras educações, experiências, linguagens e gramáticas é uma luta pela vida. A educação como um fenômeno radicalizado na condição humana trata diretamente da emergência e do exercício dos seres como construtores dos tempos e das possibilidades. Assim, o elemento racial surge como um dos fundamentos da agenda política/educativa do colonialismo europeu e suas formas de gerenciamento da vida. Dessa forma, a agenda política/educativa investida pelo colonialismo praticou e continua a praticar, ao longo de séculos, desvios ontológicos e epistemicídios. Uma educação que rasure os parâmetros impostos por esse modelo haverá de despachar esse carrego rasurando as escritas de terror por respostas responsáveis. Para lançar essas respostas, terá a necessidade de parir novos seres sem que a credibilidade desses se construa em detrimento da dos outros.

A partir do saber em encruzilhadas, a transgressão da colonização das mentalidades emerge como um ato de libertação, que produz o arrebatamento tanto dos marcados pela condição de subalternidade (colono) quanto dos montados pela condição de exploradores (colonizadores). A prática das encruzilhadas como um ato descolonial não mira a subversão, a mera troca de posições, mas sim a transgressão. Assim, responde eticamente a todos os envolvidos nessa trama, os envolve, os "emacumba" (encanta), os cruza e os lança a outros caminhos enquanto possibilidades para o tratamento da tragédia chamada colonialismo.

O verso que lanço não olha a escola com desprezo, mas cisma com os discursos que a miram de maneira desencarnada. Um amplo debate poderia ser feito aqui, escarafunchando as questões vinculadas às problemáticas do currículo e da história da educação a fim de revelar as raízes profundas que enredam o Estado Colonial e as instituições escolares. Porém, a minha mirada são os seres, suas potências, suas formas de sentir/fazer/pensar, suas espiritualidades em termos mais amplos. Essa aposta se dá principalmente por crer que centrar as forças no ataque à colonialidade já implica uma resposta responsável à educação, uma vez que a escola historicamente vem reificando e fortalecendo sentidos coloniais, assim como outros elementos que, em articulação, fundamentam essa agência.

Assim, a Pedagogia das Encruzilhadas busca o tempo certo da rasteira, a crítica e as proposições demandam mais do que o mero banho na beirada, por isso invoca Exu como aquele que é o elemento que fundamenta, epistemiza e enigmatiza o humano. Tudo que é criado ganha força à medida que o rito o encanta, seja para sua transcendência ou para sua perda de energia vital. A educação conforme proposta pelo modelo dominante perpassa pela anulação da diversidade da vida. Para o ser incutido de desvio existencial, os caminhos que se abrem só são possíveis a partir da calcificação dessa anulação. Sopra-se uma demanda de má sorte: você só existe à medida que sua não existência é cada vez mais evidenciada.

Firmo o riscado na força da pemba, a Pedagogia das Encruzilhadas encarna Exu para praticar formas de resiliência e transgressão frente à presença/poder do espectro colonial. Assim, essa pedagogia exusíaca é fiel às suas forças primordiais de movimento, cruzo, rasura, despedaçamento, transmutação, invenção e multiplicação. Esse projeto não reivindica um estatuto de verdade ou titularidade, não cairia bem ao mesmo, já que Exu veste a carapuça que bem entende. Ele opera na ginga, no sincopado, no viés, nas dobras da linguagem, expande o corpo e suas sapiências como princípio ético/estético da luta descolonial. Nesse sentido, essa pedagogia, como um balaio tático de saberes e ações de fresta, não se reduz à nenhuma forma criada, mas cruza tudo que existe e os refaz.

Modos de educação praticados em terreiros de candomblé, umbanda, macumbas cruzadas, ruas, esquinas e rodas. Sabedorias de jongueiros, capoeiras, sambistas, sujeitos comuns praticantes dos riscados cotidianos. A educação é tão diversa e ampla quanto as experiências sociais produzidas ao longo do tempo. Esses outros modos, marcados por uma identidade subalterna, revelam outras gramáticas e outras formas de maestria dos saberes. Esses modos subalternos produzidos como resposta ao terror se responsabilizam com a vida por estarem implicados nas lutas contra as injustiças cognitivas e sociais.

A Pedagogia das Encruzilhadas não é um projeto que marca oposição absoluta aos modos de ser/saber ocidentais. O que digo é que não firmo um projeto absolutista que busca subverter um modo totalitário por outro, assente em premissas também essencialistas. A pedagogia proposta tem sua marca política em seu nome, encruzilhada. É em seu princípio um modo fiel ao movimento, ao *cruzo* e à transgressão. Assim, ela não nega a existência de múltiplas formas, mas a reivindicação de uma possibilidade como sendo a única credível. Dessa maneira, a mesma opera como Yangí, se reconstruindo a partir dos cacos despedaçados, e também como Enugbarijó, engolindo tudo que há para restituir de maneira transformada.

A educação, aqui reivindicada como princípio ético/estético, ato de responsabilidade e prática emancipatória (autonomia, liberdade, ternura e utopia), emerge como efeito tomado por Exu. O mesmo, sendo a protomatéria das existências, aquele que age e integra tudo que é criado e o que ainda está por vir, é a divindade mais próxima dos seres humanos, é a linguagem como um todo, é o movimento, a transformação, a imprevisibilidade e as possiblidades. Assim, os elementos que integram e fundamentam o orixá como um SIM vibrando no mundo estão diretamente ligados à radicalidade do fenômeno educativo.

Na relação com o empreendimento colonial, seja nas Américas ou em África, Exu é lançado a inúmeras violências, formas de regulação, castração e desencante. É em meio às suas travessias, *cruzos* e reinvenções que ele se destaca como uma potência resiliente e transgressora. Na diáspora, Exu é a potência que se reinventa a partir dos cacos despedaçados. Senhor das gingas, dribles e esquivas, absorve os golpes sofridos e os refaz como acúmulo de força vital, engole tudo que há e os vomita de maneira transformada. As múltiplas faces de Exu, mais do que demarcar as violências sofridas no trânsito, o enigmatizam como um poema encantado que versa acerca das possibilidades de invenção nas frestas contrariando a escassez. Assim, as noções de Yangí, Okotó, Obá Oritá Metá, Igbá Ketá, Enugbarijó, Onã, Oloójá, Bara, Elegbara e Povo da Rua se enredam e se imantam na encarnação de um balaio tático, poético/político/ético, a que chamo de Pedagogia das Encruzilhadas.

Educamos/formamos para os mais diferentes fins. A proposta aqui lançada orienta práticas e tece experiências para salientar o inconformismo, a rebeldia. Porém, na contramão desse fluxo, há esforços mantenedores para educações que tendem a fortalecer mentalidades e práticas conservadoras, antidemocráticas, contrárias ao reconhecimento e credibilização da diversidade de saberes e ao compromisso com a justiça social/cognitiva. A educação não pode ser absolvida de uma crítica que a cruze às dimensões do colonialismo. Esse padrão de poder esteve/está estrategicamente presente nos modos de educação praticados pelas instituições dominantes, seja nas formas concretas ou simbólicas de violência inferidas aos grupos historicamente subalternizados. A evidência ressaltada são os efeitos do colonialismo/racismo epistemológico/cognitivo e o fortalecimento de práticas pedagógicas que contribuíram para a manutenção do ideário colonial.

É nessa esteira que se costuram as urgentes reivindicações por educações que combatam a incidência desses padrões de poder. Os desafios enfrentados pela Pedagogia das Encruzilhadas são basicamente aqueles que enlaçam as questões em torno dos fenômenos do racismo e das educações. Por mais que reivindiquemos a educação como prática emancipatória e intercultural, reconhecemos também que há modos forjados intencionalmente para a consolidação da dominação colonial. Se no Brasil a educação, enquanto um projeto institucional, comungou — e em certa escala ainda comunga — de ideais de civilidade pautados na agenda colonial, o que é aqui proposto enquanto emergência é a produção de uma pedagogia que se oriente pelo cosmopolitismo de práticas/saberes dos modos produzidos como subalternos, inspirada na transgressão e no inacabamento de Exu.

Dessa forma, uma das questões a serem destacadas, e que vem a justificar a emergência de uma pedagogia exusíaca, é a consideração de que as formas institucionais de educação na sociedade brasileira herdam relações profundas com as formas de conversão e expansão da fé e dos dogmas cristãos. Ou seja, ao longo da história, a Igreja exerceu o papel de instituição formadora e promoveu, por meio de uma política a serviço do Estado Colonial, uma série de equívocos, violências e produções de não existência. Essas ações forjaram mentalidades, subjetividades, sociabilidades e parâmetros ideológicos que são vigentes nas práticas educativas exercidas em espaços escolares até os dias de hoje. Por mais que reivindiquemos uma laicidade — nos espaços escolares públicos — enquanto direito adquirido, nos revelamos — na trama idiossincrática do cotidiano — socialmente cristãos, refletindo os investimentos feitos pelo colonialismo.

Ressalto que a crítica não incide sobre o direito à orientação e manifestação religiosa livre de cada grupo, mas sobre a edificação de modos de conceber a intervenção da religião, como mensagem divina, na organização social e política da sociedade. Talvez um dos pontos críticos das ações operadas pelas instituições religiosas no Brasil seja a difusão da noção de que somente através da conversão, ou seja, da salvação do espírito, o indivíduo seria capaz de ser reconhecido como dotado de inteligência. Fora disso, o restaria a condição de selvagem, desalmado, débil, potencial maléfico, em suma, desumanizado ao ponto de ser coisificado.

O poder do nó atado "religião, conhecimento e colonialismo" — considerando que esses aspectos se interpenetram e não se desassociam — é formador de subjetividades que advogam acerca de uma determinada moral e ética cristã. A meu ver, os princípios que advogam a favor dessas premissas estão a ser difundidos nas mais diferentes formas de sociabilidade e são formadores do *ethos* social brasileiro. Porém, ressalto a sua presença e seus efeitos na educação escolar e em outras formas de representação institucional. Creio que, para avançarmos nos debates que venham a problematizar essas questões, devemos considerar também a nossa relação com os conhecimentos, já que parte dos nossos desconhecimentos, ignorâncias, estão situados naquilo que rejeitamos por sermos nós mesmos demonizados.

É nas infinitas facetas de Exu que me apoio, e é através da sua capacidade mobilizadora e inventiva que nos é permitido trazê-lo para as questões educativas, partindo do pressuposto de que Exu é o que antecede e gera toda e qualquer possibilidade de linguagem e comunicação. Parto da premissa de que há inúmeras formas de educação e de que os processos educativos não emergem exclusivamente de um único modo ou contexto. Uma educação que busca a emancipação deve estar comprometida com o *outro*. Assim, ela parte do reconhecimento da diversidade e da busca contínua pelo diálogo nas diferenças. É uma educação pluralista e dialógica.

É através dos princípios de Exu encarnados nos seres, nas relações e no universo como um todo que somos afetados pelo fenômeno da experiência, vindo assim a produzir memórias, conhecimentos e aprendizagens. A tessitura dessas experiências e as suas circulações alinhavando uma infinita rede de significações e aprendizagens é o que penso como educação. Assim, a mesma é um agir ético, resposta que deve ser responsavelmente cedida ao *outro*. A Pedagogia das Encruzilhadas, além de ressaltar uma educação a partir de Exu, revela também bases de uma teoria social e do fenômeno educativo assentado no mesmo signo.

Exu é popularmente conhecido como mensageiro. A noção de mensageiro como alguém que apenas media informações reduziria a complexidade do signo. Contudo, essa atribuição é dada uma vez que é ele quem proporciona toda e qualquer forma de comunicação, seja através da palavra ou do não dito. Nesse sentido, o seu caráter de mensageiro é permeado de tensões, polifonias e ambivalências. Exu é a resposta enquanto dúvida, questionamento e reflexão.

É nesse sentido que, sob seus efeitos, a palavra emerge como um ato de responsabilidade, já que nos é concedida a partir de sua ação. Como nos versa uma das máximas dos terreiros: "Exu coloca e tira palavras da boca". Esse *colocar* e *tirar* refere-se às dinâmicas mobilizadas pelo poder de Exu. As palavras trocadas de boca em boca ou as narrativas não verbais, pontes de comunicação, são operadas como trocas, que são sempre mediadas pela intervenção de Exu. As mais variadas formas de educação consistem em atos de comunicação, enredamentos e produções de conhecimentos através das experiências. A Pedagogia das Encruzilhadas é antes de qualquer coisa uma resposta responsável e, enquanto ação de conhecimento, se desenvolve apoiada em referenciais éticos/estéticos historicamente subalternizados, cuspindo uma crítica aos efeitos do colonialismo.

A Pedagogia das Encruzilhadas não exclui as produções centradas na ciência e nas suas tradições como possibilidades credíveis, mas as contesta como modo único ou superior. Assim, essa pedagogia montada por Exu atravessa os modos dominantes de conhecimento com outros modos historicamente subalternizados. Esses *cruzos* provocam os efeitos mobilizadores para a emergência de processos educativos comprometidos com a diversidade de conhecimentos. No cruzo, marcam-se as zonas de conflito, as zonas fronteiriças, zonas propícias às relações dialógicas, de inteligibilidade e coexistência.

Cruzo, arte de rasura e invenção

Exu faz o erro virar acerto e o acerto virar erro.

A EPÍGRAFE ACIMA É TRECHO DE UM ORIKI DE EXU, o sopro que dá o tom das virações praticadas e necessárias para a amarração do verso de uma educação que precisa se deseducar do cânone. Diante a emergência da transgressão, é Exu que substancia as virações, desobediências e rebeldias dessa oferta arriada na esquina do mundo. As formas de escolarização praticadas no Brasil orientam-se, ao longo do tempo, a partir das lógicas de conversão. Nesse caso, compreendo a perspectiva da conversão não somente centrada na dimensão religiosa, mas por todas as formas de difusão de um pensamento que se quer único.

O colonialismo bendito pelas teologias políticas judaico-cristãs firma os alicerces da dominação e das mentalidades no projeto do chamado Novo Mundo. Nas pautas desse empreendimento, foram e ainda são praticados a negação, a perseguição e o extermínio de toda e qualquer possibilidade fora de seu eixo. Toda possibilidade de inscrição fora de seus limites é considerada erro. Porém, esse sistema não se sagrou vencedor como bem quis, a dinâmica por aqui se deu de outra forma. Os esforços monoculturais, monorracionais, desvios ontológicos, epistemicídios, desarranjo das memórias, desmantelos e injustiças são reflexos da limitação, do inchaço e da arrogância de um saber que se quer único.

A meu ver, uma das marcas que ressalta o enigma que são as encruzilhadas no Novo Mundo é expressa no embaraço dos múltiplos fios que riscam a presença de Exu como um saber praticado transladado e ressemantizado nas bandas de cá. Assim, na gira cruzada que são as invenções transatlânticas, baixam Elegbara, catiços, Eleguá, Aluvaiá, San la Muerte, todas faces de uma mesma presença que dá o tom de como por aqui o colonialismo foi amplamente golpeado pelos saberes e inventividades em cruzo. É nesse sentido que faço estripulias nas frestas, sucateando a "pureza" do que está situado nas "zonas de certezas" da amarração colonialismo/ciência/cristianização. Afinal, meus camaradinhas, Exu é o que substancia o contragolpe à colonialidade, uma rasura, um cruzo e uma traquinagem em tom de feitiço.

As encruzilhadas nos apontam múltiplos caminhos, outras possibilidades. Assim, a compreensão acerca da política emerge também como um saber na fronteira, angariando os espaços vazios, praticando as dobras da linguagem e escapando dos limites propostos por razões totalitárias. Por aqui, a poética é política, emergem outras formas de dizer que reivindicam outro senso. Revela-se a dimensão lúdica da vida e o caráter cruzado das invenções praticadas nas travessias da encruza transatlântica.

A perspectiva epistemológica, a que prefiro chamar de poética, defendida na Pedagogia das Encruzilhadas reconhece e credibiliza a dimensão pluriversal dos conhecimentos. Assim, Exu não é mera ilustração do projeto, mas assentamento, princípio e potência (força vital) que encarna os saberes expressos. Exu emerge como lócus de produção de conhecimento. Nesse sentido, a orientação epistemológica/poética é um ato político, assim como as práticas educativas produzidas por esse procedimento.

Nesse tom, Exu baixa como esfera de saber, na medida em que o mesmo assume caráter tático, pois golpeia em um campo que não lhe é próprio. Mesmo Exu sendo princípio fundante da linguagem/comunicação/movimento, as estratégias de normatização das práticas nos cotidianos foram fortemente influenciadas pelos substantivos coloniais. Porém, mesmo com os efeitos da colonialidade, as suas lógicas não foram suficientemente efetivas, há frestas. A linguagem, a comunicação e os movimentos são também potências ambivalentes, assim como Exu, que corre entre esses efeitos, os engolindo. Inclusive essa é uma das características de sua inteligibilidade: Exu é aquele que prega a peça para dar a lição.

Ao propor que as peripécias, princípios e potências de Exu epistemizem os conhecimentos presentes nas culturas da diáspora africana, tecendo diálogos interculturais entre múltiplos saberes, a pedagogia montada pelo seu poder opera diretamente combatendo os colonialismos/racismos epistemológicos. Dessa forma, é nessa mesma perspectiva que se assenta a dimensão educativa/pedagógica do projeto. Como já dito anteriormente, parto da consideração de que os efeitos do colonialismo afetam os modos de educação praticados na sociedade brasileira. A educação caracteriza-se como fenômeno humano, tecido e compartilhado nos cotidianos. Uma educação que rejeita Exu, portanto, é uma educação sem mobilidade, é uma educação que não produz mudança, pois é ausente de efeitos criativos e tensionadores.

Dessa forma, podemos considerar que a perspectiva da imobilidade e da não transformação é uma das pretensões da política colonial. A gênese do projeto educacional brasileiro se constitui a partir das missões cristãs, das catequeses e das políticas de conversão. As dinâmicas de suas atuações expunham uma das principais características do pensamento moderno ocidental, que é a produção de dicotomias e a redução da complexidade social. Assim, a concepção que defende que a educação estaria centrada em um único modo, vivenciada em determinado tempo/espaço e a partir de práticas específicas é parte de uma mentalidade que reflete o projeto cívico colonial. As perspectivas propostas pela Pedagogia das Encruzilhadas deslocam tanto Exu da fixação de seu caráter religioso quanto a educação da fixação de seu caráter escolar.

Ao iniciarmos qualquer debate acerca da educação, temos grandes dificuldades de descentralizarmos o que compreendemos sobre esse fenômeno e suas práticas de seus vínculos com toda uma engrenagem que a condiciona a determinado modo de racionalidade. Nesse sentido, parto da premissa de que há múltiplas formas de educação, contextos educativos e praticantes do saber. Educamos para os mais variados fins, de modo que a questão em voga não é polarizar o debate em uma boa ou má educação, mas problematizar a vigência do projeto colonial e os dispositivos de orientação e formação educativas que operam a seu favor.

Nesse sentido, emergem questões que merecem ser encaradas e são também alvo do debate que cruza os princípios e domínios de Exu e das inúmeras sabedorias da diáspora africana à proposta de um projeto educativo libertador, antirracista/descolonial. Assim, por que Pedagogia das Encruzilhadas? Por que relacionar as potências de Exu à proposta de uma pedagogia? Eu não estaria, com essa proposta, a disciplinar as potências e domínios de Exu em um recorte epistêmico ocidentalista?

Parto da consideração de que o próprio sentido de pedagogia esteja sendo reduzido e descomplexificado. Existe o achatamento da noção de pedagogia em compreensões que a consideram apenas como um modo de ensinar ou o uso de técnicas de ensino. O pedagógico, nesse caso, diz respeito a metodologias e procedimentos. Considerando a compreensão de educação como fenômeno humano na articulação entre conhecimento, vida e arte, destaco que as culturas transladadas na diáspora africana possuem *modos* de educação próprios, independentes e autônomos.

Nesse sentido, esses modos de *vir a ser* revelam formas de intervenção, ações dialógicas e responsáveis que marcam os processos comunicativos e inteligíveis da experiência de aprendizagem, por isso pedagogias próprias. Essas, assentadas em racionalidades próprias, revelam não somente outras lógicas acerca da produção de saber, como também a diversidade de saberes existentes no mundo. Modos esses que, lançados na travessia da encruzilhada transatlântica, foram cruzados, inventando e inventariando a vida enquanto possibilidade.

As culturas negro-africanas em diáspora ressignificaram, aqui, seus modos de vida na relação com o tempo/lugar e as suas ecologias de pertencimento. Assim, toda a relação entre os praticantes, seus saberes e as culturas forja práticas e contextos educativos próprios, fundamentando pedagogias mantenedoras de processos históricos, de circulação de experiências e de modos de sociabilidade únicos e intangíveis. Partindo da ideia de que a diversidade de práticas sociais existentes no mundo indica a diversidade epistemológica, podemos considerar o mesmo argumento em torno da diversidade de formas de educação e de produção de pedagogias.

As sabedorias que adentraram o Novo Mundo, as práticas de saber reverberadas pelas potências do corpo e o poder dos signos trazidos do outro lado do oceano nos mostram como aqui foram reorganizados os saberes, transformando-os em pedagogias de fresta. Pergunte a um capoeira como se aprende as artes das gingas e esquivas e possivelmente terá como resposta algo tão desconcertante quanto uma rasteira. Certa vez, lancei-me à aventura de indagar um velho mestre sobre seu aprendizado e ganhei a seguinte resposta: "uma pergunta tão boa dessas não precisa nem de resposta".

Vá ao jongo e pergunte, do mais novo ao mais antigo, como se aprende e escutará uma infinidade de respostas tão enigmáticas quanto os versos dos mais habilidosos versadores: "aprendi na barra da saia!"; "Aprendi no pé de fulano!"; "Aprendi no pé de pau!". Em uma de minhas buscas, perguntei a uma antiga senhora do candomblé sobre os seus aprendizados, e ela me respondeu: "aprendi de esperar, o tempo foi o meu mestre!". Aí estão as múltiplas possibilidades de educação, amarradas em respostas que invocam e resguardam complexos de saberes múltiplos, respostas que nos dão pistas da diversidade de saberes e de educações existentes nos cursos e cruzos do Novo Mundo.

A Pedagogia das Encruzilhadas se codifica como um projeto libertador, pois radicaliza com o domínio epistemológico praticado pelos referenciais ocidentais. Nesse sentido, só pode ser formulado em uma lógica em que os praticantes e os seus respectivos saberes emerjam a partir do *cruzo* entre as bandas cindidas. Todavia, essa perspectiva não visa à substituição de um lado pelo outro, mas sim o atravessamento. A potência desse *cruzo* se situa nas zonas fronteiriças, que são também zonas de conflito político/epistemológico. Essas zonas — eu descrevo poeticamente — são Exu assentados nas esquinas da modernidade ocidental. Em cada esquina em que se usam marafos, farofas amarelas, cera quente, gargalhadas, batuques e os movimentos dos corpos, está a marca do sucateamento e da rasura praticada contra a lógica colonial. Onde cisca o vivo, imanta-se o rito de invenção da vida.

Invocar a presença de Exu e suas múltiplas formas de significação nas Américas para a produção de uma pedagogia a partir de seus princípios, domínios e potências configura uma ação descolonial, já que se busca a transgressão, o atravessamento da universalidade do conhecimento trazida e praticada pelo colonialismo no mundo. Esse rompimento se dá pelo reconhecimento e a credibilização de outros conhecimentos possíveis. A Pedagogia montada por Exu encarna a força vital do orixá para lançar uma série de elaborações teórico-metodológicas que subsidiam o riscado desse projeto poético/político/ético. A encruzilhada é o símbolo máximo, não somente por se remeter ao campo de força e morada de Exu mas por reverberar a lógica do *cruzo*.

A arte do *cruzo* só pode vir a ser praticada a partir de uma invocação e motivação exusíaca. O *cruzo* é a arte da rasura, das desautorizações, das transgressões necessárias, da resiliência, das possibilidades, das reinvenções e transformações. O *cruzo*, como perspectiva teórico-metodológica, dá o tom do caráter dinâmico, inventivo e inacabado de Exu. A encruzilhada, símbolo pluriversal, atravessa todo e qualquer conhecimento que se reivindica como único. Os saberes, nas mais diferentes formas, ao se cruzarem, ressaltam as zonas fronteiriças, tempos/espaços de encontros e atravessamentos interculturais que destacam saberes múltiplos e tão vastos e inacabados quanto as experiências humanas.

Uma educação ou qualquer discurso que negue Exu é, a rigor, uma defesa contrária ao movimento, à transformação e à diversidade. Assim, a Pedagogia das Encruzilhadas opera na vitalização, no encantamento e no alargamento de possibilidades. Esses efeitos se riscam como um *ebó epistemológico e cívico*. Assim, o ebó lançado à problemática dos conhecimentos revela-se como um efeito próprio de uma potência exusíaca. O ebó epistêmico ressalta aquilo que se risca na perspectiva dos *cruzos*, de maneira que não advoga pela substituição de saberes, muito menos pela validação de uns em detrimento de outros. Assim, esse efeito opera sob a lógica do acúmulo de forças vitais, da abertura de caminhos e do encantamento dos saberes. Em outros termos, é o poder de Exu que inventa mundos nas dobras do tempo e faz com que os erros virem acertos e os acertos virem erros.

Rolê e ebó epistemológico

EBÓ É UM DOS MAIS IMPORTANTES CONCEITOS assentes no complexo filosófico iorubá. Está implicado a outros, como os de Ori (cabeça espiritual) e o de Ìwàpèlè (bom caráter/caminho da suavidade). Em diálogo, ressaltam as potencialidades do ser/saber na cosmogonia iorubana, atravessando as problemáticas em torno das existências, das potencialidades e das possibilidades criativas. Todos esses conceitos estão presentes no corpo literário de Ifá, que, por meio de suas inúmeras narrativas, remonta a dimensão mítica que perspectiva os ritos, as condutas e as formas vividas nos cotidianos.

A compreensão do ebó enquanto sacrifício perpassa diretamente as dimensões do movimento, da transformação, do inacabamento e das dinâmicas de compartilhamento, transmissão e multiplicação das forças vitais. Não coincidentemente, é Exu o mantenedor e dinamizador do axé de Olorun, como é também ele o responsável pela comunicação simbólica e ritual entre todas as forças existentes. Essa comunicação entre os diferentes seres e suas respectivas tempo-espacialidades é possível a partir das operações advindas dos ebós/sacrifícios. Assim, o ebó opera também como um princípio tecnológico, uma vez que é a partir dele que se estabelecem as comunicações, trocas e invenções de possibilidades.

Desta forma, seja na compreensão iorubana ou nas múltiplas reinvenções na diáspora africana, a noção de sacrifício inscreve-se como renascimento. Ou seja, é a pulsão de vida, o alargamento do tempo, a comunhão com os ancestres e forças cósmicas que nos dão o tom do acabamento, a dinamização dos caminhos, o acúmulo de forças vitais e a emergência de outras formas. Dessa maneira, o que proponho como um *ebó epistemológico* opera como um procedimento que aviva as razões absolutistas no encante para que o conhecimento seja cruzado, engolido por outras perspectivas e restituído de maneira transformada.

Nessa lógica macumbística, teremos de praticar o sacrifício das mentalidades, rompermos com as lógicas desencantadas das razões absolutas para vitalizar o conhecimento plural. Os efeitos dos ebós epistêmicos tendem a favorecer as condições de ampliação das possibilidades em relação aos conhecimentos que são cruzados. É, em suma, a condição que abre caminhos para a produção e circulação dos conhecimentos pautados no vigor da diversidade epistêmica presente no mundo.

Cabe destacar que a condição para a legitimidade/ilegitimidade e possibilidade/impossibilidade de determinados conhecimentos muitas vezes não está vinculada às suas efetividades, mas sim ao rigor que os mede e os autoriza. Dessa maneira, as problemáticas acerca dos conhecimentos vinculam-se às questões relativas ao poder e às correlações de força, afinal, saber é poder, e deter a validade de determinados conhecimentos e a possibilidade de invalidar outros é manter-se na condição de quem detém esse poder.

O *ebó epistemológico*, como um saber praticado, opera no alargamento da noção de conhecimento; para isso, os seus efeitos reivindicam uma transformação radical no que tange às relações de saber/poder. Ainda, confronta a noção desencantada do paradigma científico moderno ocidental, buscando transformá-lo a partir de *cruzos* com outras esferas de saber. O *ebó epistemológico* impacta na transformação radical e necessária, por isso se caracteriza na ordem do feitiço. O *cruzo*, perspectiva teórico-metodológica da Pedagogia das Encruzilhadas, fundamenta-se nos atravessamentos, na localização das zonas fronteiriças, nos inacabamentos, na mobilidade contínua entre saberes, acentuando os conflitos e a diversidade como elementos necessários a todo e qualquer processo de produção de conhecimento.

Outro conceito que aqui se lança e é próprio da pulsação da Pedagogia das Encruzilhadas é a noção de *rolê epistemológico*. Esta noção se configura como a fuga, o giro, a não apreensão de um modo de saber por outro que se reivindica único. Quando esse modo tido como dominante busca o apreender, ele gira — feito no jogo da capoeira — e se lança em outro tempo/espaço, possibilitando sempre o jogo da diferença e da negação. Dessa forma, *ebó epistemológico*, *cruzo* e *rolê epistemológico* são noções distintas que se atravessam, interligam e fundamentam o *corpus* conceitual da pedagogia das encruzas. Assim como os conceitos de Ori, Ìwàpèlè e Ebó na cosmogonia iorubana, os três termos aqui propostos se articulam.

Se a política colonial produziu uma tragédia construindo ao longo de séculos desvios ontológicos, subalternizações, epistemicídios, hierarquização de saberes, invisibilidade/descredibilidade, monoculturalização e monorracionalismo, sugiro, a partir da emergência de um projeto transgressivo e resiliente, praticar ebós nas raízes do edifício colonial.

Ah, o medo da macumba, do feitiço! Não há nada de novo por aqui. A utilização dos recursos possíveis sempre foi corrente por essas bandas, todo saber tende a ser praticado. Se o empreendimento colonial nos apresentou e impôs seu inferno como lógica, tratamos de nos desviar e negociar outras posições. O que vem se dando por essas bandas não é somente a eterna luta do bem contra o mal, duelo corrente próprio do *ethos* cristão. Por aqui, de uma ponta a outra, e já lá na Europa — totalmente cruzada do ponto de vista das contaminações culturais — circulam outras práticas, outras noções e relações com o mundo. Se há algo que vale uma aposta é a impossibilidade de defender a dominação do ocidente europeu como pura e livre de contaminações, como pretendido no discurso monológico eurocentrista. A lógica do feitiço já imperava por lá.

A lógica do feitiço que lanço aqui se inscreve na dinâmica das trocas, dos jogos, das sociabilidades, dos medos, das curiosidades, das repulsas, mistificações e seduções. Está tudo lá na máxima: "Quem não pode com a mandiga não carrega patuá". Por mais que o projeto colonial, articulado à expansão e dominação da instituição religiosa cristã, tenha fundamentado o pecado, o inferno e o "diabo a quatro" por aqui, o cotidiano europeu já era cruzado, múltiplo, macumbístico e até certo ponto flertou, negociou e se contaminou com uma infinidade de saberes presentes e em trânsito no mundo.

Existe quem se desestabilize com a ideia de termos sido colonizados por povos também colonizados e, nesse caso, me refiro à colonização principalmente como uma encruzilhada do ponto de vista da contaminação cultural. A linearidade histórica e seu caráter simplificador no que tange à complexidade dos acontecimentos dá o acabamento do quanto somos inocentes ou desinformados acerca do que se narra sobre a pureza das tradições importadas para cá. Tradições essas que serviriam como pilares do projeto de civilidade.

É impossível negar que, a partir do marco do chamado descobrimento, vivemos um verdadeiro dilema, uma corrida contra o tempo para nos tornamos aparentados com a metrópole. A expressão que faz menção ao Brasil como um país não destinado a principiantes dá o tom da esquizofrenia desencadeada pelo processo colonial. Assim, aposto em esculhambar as lógicas de inteligibilidade e esquemas mentais do ocidente, plantados como únicos referenciais possíveis. A pedagogia aqui lançada exercita o que é próprio do caráter de Exu — praticar a desordem como curso para uma nova ordem, cruzar as barras do tempo como uma espiral, mantendo sempre um dinamismo, não aceitando qualquer forma de ajuste e imobilidade.

Exu é o catiço, como dito na linguagem popular, termo que, embora rejeitado por muitos de seus praticantes, aqui é benquisto por concentrar uma potência inconformista e rebelde, necessária para a transformação. Digo isso me fidelizando ao princípio de Exu como possibilidade, senhor da linguagem, e também à ideia de que ele pode vestir a carapuça que quiser. Assim, não recusarei nenhuma de suas formas, principalmente no exercício de problematizar em que discursos elas aparecem. Dessa maneira, um dos nós atados para pensar o signo Exu é a noção de ambivalência, noção essa constituidora de seu próprio princípio.

Nada melhor do que um Exu, dotado de todos os apetrechos escandalizadores necessários para a projeção de uma imagem rebelde, que confronte e esculhambe o esquizofrênico *corpus* colonial e a pureza reivindicada por sua narrativa civilizatória. Afinal de contas, a obsessão pela pureza é algo persuasivo, de modo que, não bastando a desenfreada busca por ser uma réplica das mais altas metrópoles europeias nos trópicos, há também a fortificação de discursos que centram as culturas negro-africanas recriadas na diáspora a partir de noções essencialistas.

Na lógica do sistema colonial/racista, a identificação com o modelo ideal de ser e de mentalidade diz sobre os acessos e a manutenção das condições de privilégio, de modo a manter o sistema ativo e complacente a uma lógica de produção e manutenção das desigualdades. Assim, o drible se dá a partir da transgressão dessa lógica e da aceitação de que a mesma deva ser implodida e recodificada a partir de seus cacos. Dessa maneira, o enfrentamento ao racismo/colonialidade configura-se como uma questão da ordem das justiças cognitivas/sociais, perspectiva que a faz ser uma problemática relativa a todos os seres.

Fidelizo o protagonismo, a manutenção e a difusão do saber de Exu às presenças e contribuições das populações negro-africanas transladadas pelo Atlântico. Aqui, o invoco como signo fundamentado nas tradições iorubás, mas que, ao longo das travessias e trânsitos contínuos, foram se cruzando a uma gama de outros referenciais culturais. Porém, ressalto os contrastes que ocorrem na leitura de Exu sob determinadas lentes culturais. É necessário que problematizemos as diferentes interpretações sobre Exu, leituras que, classificadas em ordens diferentes, acabam muitas vezes travando embates entre si, umas reivindicando-se, ainda que assentadas nos mesmos princípios, mais puras do que as outras.

Assim, se me perguntam de qual Exu eu falo, eu digo que "falo ao mesmo tempo de todos e de somente um". As categorias bastante utilizadas para expressar a manifestação do signo Exu nos diferentes ritos afrodiaspóricos nos servem para pensarmos as interpretações que cada grupo faz de um princípio que é único. A base de minha reflexão, portanto, são os princípios exusíacos: linguagem, comunicação, movimento, possibilidade, ambivalência, inacabamento, imprevisibilidade, transgressão, corpo e dinamismo. Dessa forma, partindo dos princípios explicativos assentados no signo Exu, todas as interpretações são bem-vindas, uma vez que a multiplicidade se vincula ao seu princípio de dono da encruzilhada, onde os caminhos são possibilidades.

A reivindicação de um status de pureza destinado a Exu por parte de alguns praticantes não só conota a tentativa de totalização de um signo complexo mas também indica os impactos das dinâmicas processadas no contexto colonial. Dinâmicas essas que evidenciam de maneira encruzada a pluriversalidade das invenções negro-africanas em diáspora e a presença das lógicas próprias da racionalidade moderna ocidental. A dinâmica colonial se dá de forma tão complexa e ambivalente que não é raro encontrar práticas de terreiros altamente influenciadas pela lógica cristã e vice-versa, como igrejas e outras práticas, *a priori* cristãs, fortemente atravessadas e contaminadas por uma lógica macumbeira. É uma relação em que as contaminações culturais, os atravessamentos gramaticais, as reinvenções, as negociações — em suma, os *cruzos* — compreendem parte da lógica que forja o evento. Por isso, chamo a atenção para a lógica do feitiço na perspectiva das trocas, dos modos de sociabilidade e dos encantamentos.

A ambivalência e o inacabamento são os termos que dão o tom desse jogo. É evidente que devemos tomar todo o cuidado e estarmos atentos para não cairmos nas ciladas de um romantismo exacerbado e, muito menos, suavizarmos questões vinculadas às injustiças cognitivas/sociais operadas na esteira do racismo/colonialismo. As violências e desigualdades historicamente produzidas contra as populações pretas e indígenas são também praticadas no fortalecimento da noção de um mito acerca da harmonia e da democracia racial. O fato de expor a cultura como um *campo de mandingas*, tempo/espaço onde se desempenham disputas, negociações, traições, emboscadas e alianças, não quer dizer que esse mesmo campo deva silenciar/ocultar a crítica e a problematização do conflito permanentemente presente na lógica colonial.

As relações entre colonizador e colonizado não se alinham numa simples equação entre bem e mal. Nos campos de batalhas, que são também *campos de mandinga*[24], o bem convive com o mal. Assim, há muitas formas de entrar

---

[24] Ver Simas e Rufino (2018).

nesse jogo. Há aqueles que entram na roda e perseguem o oponente golpe a golpe com a intenção de derrubá-lo, atropelá-lo; desde o primeiro olhar está tudo exposto, o desejo é sucumbir o *outro* através da força. Porém, há aqueles que mentem, negam, sorriem, fazem com que o oponente não se sinta ameaçado e, quando menos se espera, o jogam no chão. Rasteira sempre foi umas das mais belas astúcias do jogo de corpo: "o facão bateu embaixo, a bananeira caiu. Cai, cai, bananeira, a bananeira caiu".

A malandragem está no golpe que opera em um campo que não lhe é próprio, na arte do fraco, no vazio deixado pelos limites do poder que o oprime, eis a perspicácia das sabedorias de fresta e ginga. Os embates e as táticas, no desenrolar dos jogos, são múltiplos, não há espaço para a redução da complexidade dessas relações em batalhas entre bem e mal. Porém, tão efetivo é o nível da fixidez mental produzida pelos efeitos monológicos de uma racionalidade colonial que esses mesmos efeitos operam dificultando a compreensão de outras possibilidades de mundo e de relações com o mesmo. A emergência de outras perspectivas se confirma cada vez mais necessária. Para a cosmologia iorubana, não há possibilidades de um bem-estar pleno na medida em que o bem e o mal não são lados opostos que travam um eterno embate, mas partes integrantes de um único sistema, daí vem a popular expressão "o bem convive com o mal".

Dessa forma, o que devemos problematizar é em que medida esse princípio nos desloca das tradições cristãs forjadas em nossos esquemas cognitivos, uma vez que somos mantenedores de poderes que operam nas instâncias da positivação ou da negativação. Ser bom ou ruim, segundo a lógica iorubana, não é o que está jogo, mas sim o modo como, no devir de nossas passagens, nos responsabilizamos por nossas práticas e respondemos sobre seus efeitos.

Essa consideração cruza a problemática filosófica de um mundo com os limites das experiências assentadas na racionalidade moderna ocidental. Desmancha-se um dos pilares da mentalidade conservada na ideologia colonial, a eterna e redentora luta do bem contra o mal. É a partir dos princípios explicativos da cultura iorubana que emerge a perspectiva que considera que o que é bom para um não necessariamente será bom para o *outro*. Dessa forma, se o ebó cruza-se ao projeto de dominação ocidental e o transforma, possivelmente não será bom para aqueles que historicamente se privilegiaram da produção de desigualdades operada pela lógica dominante.

Nesse sentido, invoco a lógica do feitiço e ressalto a necessidade da operação cunhada como *ebó epistemológico*, ressaltando ainda que a abertura de novos caminhos certamente ocasionará o fechamento de outros. Como fechamento de determinados caminhos, considero as condições que concernem à necessidade de transformação radical. Isso não quer dizer que as perspectivas que emergirão como outras possibilidades credíveis se firmarão em detrimento de formas já existentes.

Porém, ressalto que os conhecimentos serão cruzados, serão praticadas as encruzilhadas. Assim, o que se pretende transgredir são as ordens totalitárias, esculhambando o universalismo para a potencialização do pluriversalismo[25]. Cruza-se o monorracionalismo para a emergência das perspectivas polirracionalistas; cruza-se o monoculturalismo para a abertura dos caminhos da interculturalidade; rompe-se com a monocultura de um tempo linear para a expansão de múltiplas temporalidades; rompe-se com um modelo de ciência desencantada para a positivação dos conhecimentos a partir do encantamento da ciência. Assim, transgride-se uma perspectiva monoepistêmica para se lançar em um horizonte pluriepistêmico. O ebó está devidamente arrumado; o cuspo nas raízes do edifício colonial.

Montados por uma inteligibilidade elegbariana, os conhecimentos são também forças vitais, efeitos que circulam, nos afetam, nos alteram e são tecidos e compartilhados por nós em nossas experiências. Orientados por uma lógica em encruzilhadas, os conhecimentos que estão no mundo a circular e que nos encruzam, nos alterando, são energias que se somam à nossa vitalidade. Em uma gramática forjada nas experiências das travessias negras transatlânticas, são reconhecidos e denominados como axé. Em outras palavras, conhecimento e educação são forças vitais.

---

[25] Ver Ramose (2011).

Sendo o axé a força dinâmica propiciadora dos acontecimentos e de toda a gama de possibilidades potencialmente forjadas no devir, a sua circulação, acúmulo, troca e imantação estão diretamente vinculados aos efeitos desencadeados pelas operações de Exu. Assim, para uma reflexão acerca das educações e dos conhecimentos que se vinculam ao fenômeno Exu, cabe destacar que a sua credibilização envolve também as dimensões de presença ou ausência de axé, uma vez que o mesmo é transmissível e acumulável.

Nesse sentido, a negação de Exu perpassa não somente por uma negação de todo e qualquer efeito de mobilidade, transformação e dinamismo, como também perpassa por uma perda — desgaste — vigorosa de energia vital, uma vez que se nega o elemento propiciador para a transmissão e o acúmulo dessas forças. Garantir a problematização da educação e das relações humanas a partir de Exu resulta não somente na organização de uma crítica antirracista e na proposição de outros caminhos possíveis, mas garante um modo de educação como resposta responsável, comprometido com a própria vida. Uma educação inspirada em Exu é, então, uma educação comprometida com a transformação radical, com a transgressão, com a resiliência, com a mobilidade, com a emergência e a ampliação de possibilidades; é, em suma, uma educação comprometida com a circulação de axé — energia vital.

Assentamento, terreiro e encruzilhada

A DIÁSPORA AFRICANA ESTÁ ENCRUZADA AO PROJETO COLONIAl, é um acontecimento marcado pela tragédia das humilhações, sequestros, assassinatos, estupros, torturas, comércio de seres humanos, entre outras inúmeras formas de violências praticadas nos trânsitos que edificaram o chamado Novo Mundo. Essa invenção é parte integrante do colonialismo, não há possibilidade de separação, é resultado de um cruzo que faz a espiral do tempo girar em um rito de morte e vida.

Negro, África, América, índio e escravidão são invenções assentes em um substantivo comum, a raça. É o substantivo racial que fundamenta o projeto desse mundo cindido que tem a Europa e a supremacia branca/cristã como ordem vigente. O colonialismo, como marafunda que é, se inscreve de forma enigmática, seus nós precisam ser desembaraçados para que não nos asfixie. Assim, o fio condutor desse nó, o elemento raça, alinhavado no tear do tempo do devir negro[26], teceu outras formas e possibilidades. A espiral do tempo rodopia, enlaça vida e morte, se riscam nessas bandas ações desde a dissecação do vivo, o desmantelo, o desvio, o aprisionamento

---

[26] Ver Mbembe (2015).

do ser na condição de não existência, como também a invenção a partir dos cacos despedaçados, a imantação da vitalidade pelo sacrifício, a possibilidade inscrita no enigma, a *dobra da linguagem*, a insurgência resiliente e transgressiva de novos seres.

Forma-se a canjira de um novo tempo; invoquemos nossos ancestrais para que aqui baixem. De Fanon a Mbembe, de Senghor a Césaire, o substantivo racial é uma amarração que nos espreita, ora nos imobilizando pelo seu efeito de anulação, ora nos deslocando seus movimentos hábeis no jogo da diferença. O substantivo negro em seu devir no mundo pratica cruzos e faz valer a máxima da encruzilhada, aponta para diferentes caminhos a partir de um único ponto. Encará-los munido de certezas é impossível. Haveremos de lê-lo como amarração: um dizer que se deixa montar por múltiplos entenderes.[27]

Eis que surge a questão: o que é a diáspora negra senão o contínuo de milhões de seres que tiveram a sua humanidade destroçada e as suas presenças condenadas ao desvio? Para nos lançarmos no avanço das perguntas, façamos valer a máxima da filosofia ancestral do jogo de corpo: "devagar também é pressa". A resposta não é tão simples, porém, as perspectivas que aponto emergem das potências reverberadas pelos giros da espiral do tempo, Yangi, Okotó. A diáspora africana é também a travessia de milhares de seres pela encruzilhada transatlântica, tempo/espaço de invenção da vida enquanto possibilidade, lê-la nas suas dobras é fundamental para pensá-la. Já nos diria o enigma cantado nos versos das pretas e pretos velhos, eguns da afro-diáspora que encarnam nas pitadas de cachimbo e nos galhos de arruda para nos revelar segredos de outro tempo: "Congo com Cambinda quando vem para trabalhar, Congo vem por terra e Cambinda vem pelo mar".

---

[27] O conceito de amarração ou ponto cantado é próprio das culturas do jongo e das macumbas. Implica na enunciação versada de um enigma, constituindo-se como uma linguagem de encante, que é expressa de modo cifrado. A definição apresentada acima é desdobramento de uma reflexão conceitual cunhada pelo mestre jongueiro Jefinho de Guaratinguetá, que se remete ao jongo como sendo um dizer com dois entenderes. A noção de amarração alinhava as reflexões deste trabalho em diferentes momentos. Para um debate mais atento sobre a operação dessas produções na cultura do jongo, ver Rufino (2014).

A perspectiva aqui lançada lê a categoria analítica *diáspora africana* encruzada ao conceito de encruzilhada aqui defendido. Nesse sentido, no Novo Mundo, o duplo negro-africano/indígena é ao mesmo tempo uma sentença de morte e uma potência de vida. Nesse mesmo tom, a modernidade deve ser lida também como um nome dado ao projeto europeu de expansão sem limites, ao mesmo tempo em que é a pulsão do devir negro no mundo. A modernidade é também um duplo, um acontecimento arriado na encruzilhada do tempo: é tragédia, pois se assenta na condenação de milhares de seres sob a prisão da não existência do substantivo racial; é possibilidade, pois o translado desses seres resguarda também a invenção nas frestas, a reinvenção a partir dos cacos.

Desatemos os nós, lancemos outros versos, façamos como os poetas feiticeiros, mestres do encanto das palavras que invocam no tempo de outrora a potência que encarnará o agora, senhores que fazem de suas palavras tiros certeiros. Assim, inspirado nesses homens, miro as flechas saídas de minha boca e montadas no texto escrito influenciado pelo preto velho Frantz Fanon, que nos aponta que a Europa é também parte do chamado Terceiro Mundo. O chamado Terceiro Mundo é uma produção colonial, a Europa tem a sua distinção produzida a partir da invenção do *outro* e das violências praticadas pelo colonialismo. A Europa e toda a sua civilidade são um constructo ideológico.

O desvio existencial incutido nos indígenas das Américas, Áfricas e Ásias, alinhado aos assaltos e espoliações cometidos contra suas sociedades, forjaram as bases da edificação da Europa como Primeiro Mundo. Assim, o Terceiro Mundo é uma espécie de "carrego europeu", vive sob o assombro e a obsessão dessa má sorte. A tal empreitada civilizatória atou um nó que precisa urgentemente ser desembaraçado, e, para esse desate, haveremos de praticar as sabedorias assentes em outros corpos e gramáticas. A marafunda colonial produziu os substantivos "raça" e "indígena", o primeiro como sendo o desvio, a condição do não ser, e o segundo como o termo que define a condição de etnocentrado. Com base nesses termos, se produziu uma realidade de distinção e superioridade a partir da ganância do ocidente europeu. Porém, agora, o facão baterá embaixo, não mais Primeiro, nem Terceiro Mundo, me pauto na máxima de outro preto velho, Césaire, "a Europa é indefensável".

A diáspora africana é uma encruzilhada, acontecimento marcado pela tragédia, mas ressignificado pela necessidade de invenção. Assim, configura-se também como um acontecimento que vem a encruzar inúmeros saberes, recolhe-se os muitos fios das experiências negro-africanas que foram desalinhados forçadamente para realinhavá-los. Trança-se uma esteira de conhecimentos e identidades, fios múltiplos, modificados pelo sofrimento e a necessidade de criação da vida nas travessias, rotas e passagens por novos portos, cais, mercados e mundos. A diáspora africana é trânsito contínuo, é curso que se constitui de forma ambivalente, é, ao mesmo tempo, experiência de despedaçamento e de reconstrução, é feito Yangí. É o ponto concentrado que se despedaça em infinitos cacos e de cada um desses fragmentos emergem possibilidades, reconstroem-se novos corpos e caminhos. É o espiral, o pião de Òkòtò, que cresce infinitamente sem que se encontre o seu cume.

Aquilo que hoje é reivindicado nas bandas de cá como de marca/herança africana é resultado dos cruzos das inúmeras travessias de mulheres, homens, histórias, movimentos, palavras, sons, sangues, cores, deuses, lembranças e silêncios. Sou fiel ao que chega até mim — como herança/saber dessa complexa rede — para lançar mão das noções de diáspora africana como *assentamento*, *terreiro* e *encruzilhada*.

Nessa perspectiva, proponho, ao cruzar a categoria analítica de diáspora africana ao conceito de *assentamento*, pensar que há uma base estruturante que identifica as inúmeras práticas negras recriadas no Novo Mundo. Esse assentamento estabelece identificações, uma trama cosmopolita e solidária e, a partir de seus *cruzos*, ressemantiza sociabilidades transafricanas, ecologias de pertencimento, processos transculturais, interculturais e cosmopolíticas, que alçam a diáspora negra como advento contracultural da modernidade como nos ensina o navegante Gilroy[28].

O *assentamento* é chão sacralizado, é morada de segredos, é lugar de encantamento, é corpo ancestral, é onde se ressignifica a vida. A diáspora evidencia a inventividade dos povos negro-africanos desterritorializados,

---

[28] Menção ao autor inglês Paul Gilroy.

juntamente com a inventividade de seus descendentes. Essas populações em dispersão reconstituíram seus territórios no corpo, na roda, nos movimentos, nas sonoridades, nos sacrifícios rituais — todos esses elementos são experiências de terreiro. A noção de *assentamento* emerge como termo para pensar a diáspora africana a partir de uma esteira comum, alinhavada pelos diferentes fios que são as inúmeras experiências possíveis a partir das travessias do Atlântico e de seus trânsitos e reinvenções contínuas.

Nesse mesmo movimento, emerge o conceito de *terreiro*, a ambivalente condição dos seres em dispersão marca o nó que se ata entre a perda do território e a invenção de outro. Assim, o *terreiro* aqui inscrito não se limita às dimensões físicas do que se compreende como espaço de culto das ritualísticas religiosas de matrizes africanas, mas sim como todo o "campo inventivo", seja ele material ou não, emergente da criatividade e da necessidade de reinvenção e encantamento do tempo/espaço. Nessa perspectiva, a compreensão da noção de terreiro se pluraliza, excede a compreensão física para abranger os sentidos inscritos pelas atividades poéticas e políticas da vida em sua pluralidade.

Para pensarmos a noção de terreiro para além do que está compreendido como espaço físico, precisamos nos orientar pelas perspectivas emergentes das práticas. Assim, lancemos as noções assentes na ciência encantada das macumbas[29]. Essas possibilidades assentes em outras gramáticas compreendem uma série de lógicas de sentir, fazer, pensar, inventar e encantar o mundo que estão presentes no *corpus* das performances da afro-diaspóra, sabedorias de frestas muitas vezes não alcançadas pela intransigência do modo de racionalidade dominante.

As *perspectivas macumbísticas* me possibilitam pensar que, se antes de atravessar uma encruzilhada ou dobrar uma esquina devo pedir licença e reverenciar o seu dono, seu morador, esse espaço que é visto por muitos como apenas uma dimensão do espaço público é para mim um espaço ritual, por isso as esquinas e encruzilhadas serão sempre, para mim, parte do que compreendo como terreiro. Em outro tempo, em Madureira,

---

[29] Ver Simas e Rufino (2018).

passava inúmeras vezes pelas portas do mercado popular conhecido como Mercadão de Madureira. Algumas dessas vezes, fazia aquele caminho simplesmente como atalho entre a avenida Ministro Edgard Romero e a rua Conselheiro Galvão. Porém, sempre que ali passava, pedia licença e, quando podia, deixava uma moeda e, de vez em quando, um cigarro para o seu Zé. Um dia minha mãe me repreendeu: "Menino, por que toda vez tu faz isso?" A resposta foi ligeira: "Ué, o Mercado tem dono". A tréplica de minha mãe foi categórica: "Deixa de bestagem, menino".

Nessa lembrança ficam expostos dois aspectos, o primeiro é o que defendo a partir da noção de terreiro aqui desenvolvida, que é a que defende que o terreiro transborda uma dimensão física/geográfica para se codificar como uma presença inventada na execução da prática. Ou seja, o terreiro não é somente físico, mas fundamentalmente metafísico. Um bom exemplo para pensarmos isso são as dimensões das rodas, dos ritmos/palavras/versos/corpos. A roda codifica-se como terreiro independente de sua permanência em um único espaço, é uma espécie de terreiro não fixo, podendo hoje estar aqui e amanhã acolá. Não é por acaso que vemos nas rodas de capoeira, após a ladainha, as louvações e o coro cantados no início, os jogadores cruzarem o chão com gestos, benzerem-se como benzem o solo, mandingarem em expressões próprias e particulares. Aquele que domina o gunga, berimbau grave tocado por quem coordena a roda, o abaixa em direção ao solo. Toda essa ritualização não só inicia os jogos invocando os domínios ancestrais como também saúda o chão, inventa o terreiro e, por consequência, o mundo.

Para os jongueiros, assim como para os calangueiros e versadores de partido-alto, a palavra junto ao ritmo é constituidora de um chão próprio que define quem está dentro e quem está fora. O enigma lançado, campo criado em forma de verso, só é possível de ser adentrado por aquele que o decifra. No caso do corpo, há outras perspectivas. O corpo ritualisticamente preparado — ou, como normalmente é chamado, "iniciado" ou "feito no santo" — representa um chão, morada do sagrado, da individualidade, da possibilidade de procriação e extensão do território de pertença a que se vincula durante seus processos ritualísticos. Tratemos, nesse caso, o corpo do iniciado como extensão do referencial tempo/espacial, sagrado/ancestral, como se entre o corpo, a sua referência tempo/espacial e o mundo houvesse um grande cordão umbilical que os conectasse.

A experiência narrada sobre os acontecimentos vividos nas passagens e porteiras do Mercadão de Madureira dimensiona uma segunda questão que destaco como de extrema relevância para pensarmos as dinâmicas experienciadas a partir das invenções nos cursos das diásporas africanas. É o fato de que o ritual cumpre função elementar nas dinâmicas da vida das populações em diáspora. A implicação posta por minha mãe descredibiliza meu ato por situá-lo nos limites da problemática da fé. Para ela, a crença determina o sentido do ato. Porém, para mim, o que importa é cumprir o rito. É nesse sentido que discuto terreiro como um espaço não exclusivamente fixo às dimensões físicas/geográficas dos cultos de matrizes africanas. Terreiro é o mundo reinventado a partir do que ritualizamos nele.

As fronteiras aqui ocupadas, que nos possibilitam problematizar o acontecimento da diáspora africana encruzada às noções de *assentamento*, *terreiro* e *encruzilhada*, devem ser encaradas a partir de um *rolê epistemológico*. Essa ação poética/política de deslocamento dos sentidos de ser/saber lança os referenciais dominantes aos *cruzos* de outras possibilidades, que evidenciam outros princípios explicativos de mundo. Assim, credibilizar as perspectivas assentes no complexo de saber das macumbas brasileiras é uma forma de praticar esse rolê epistêmico.

Tomado pelo saber de outras lógicas, miro outras possibilidades. Assim, o Brasil que nos arrebata é aquele em que enterramos nossos umbigos, o terreiro, e não o Estado Colonial. No rito que molda nossas existências, imbrica-se o ser a terra e revela-se o lugar em que praias são cidades encantadas, moradas de rainhas, princesas e mestres que não obtiveram a experiência da morte física, transmutaram-se, encantaram-se na natureza, onde os minúsculos grãos de areia guardam segredos, vadeiam por lá crianças que são porta-vozes das naturezas que compõem o mundo. Espuma d'água, braço de rio, concha, pedra, caranguejinhos, ararinhas, pé de paus compõem o cenário das mais diferentes formas de vida. No Brasil-terreiro, os tambores nos dão o recado, têm boca, falam e comem. A rua e o mercado são caminhos formativos e onde se faz o ganho, é lá que se tecem nossas aprendizagens; no intercâmbio das diferentes formas de trocas, se aprende e se substancia a vida.

A mata é moradia de mestres curadores, guerreiros, caçadores, amazonas, ninfas. No chão de folhas que se perde de vista, guardam-se segredos e histórias, cada uma inscrita nas mais diferentes espécies. Na mata vivem espíritos encarnados em sucupiras, jatobás, mangueiras, cipós e gameleiras. Nos olhos d'água repousam jovens moças. Na beirada do rio vadeiam meninos levados. Nas campinas e nos sertões surgem homens valentes, de brado forte, encantadores de bicho, conhecedores do som da terra, e cavalgam nos ventos, tangem boiadas, laçam infortúnios. As curas se dão por baforadas, como tem mironga o cachimbo de vovó. Sabedorias infinitas, repertório único do poder das ervas, arruda, manjericão, guiné... Rezas, ladainhas, amarrações, acompanhadas de um repertório gestual versado entre mão e rosário. As encruzilhadas e suas esquinas são campos de possibilidade, lá a gargalhada debocha e reinventa a vida de forma inesperada. O sacrifício ritualiza o alimento: morre-se para se renascer. O solo do terreiro Brasil é assentamento, é o lugar onde se plantou o axé e o segredo está vivo e guardado em pedras.

Jurema, catimbós, encantaria, terecôs, umbandas, batuques, candomblés, omolocôs e toda e qualquer sorte de macumbas praticadas em solo brasileiro são marcas das sabedorias africanas e indígenas que, em negociação, nos cotidianos colonialistas, com a forte e vigilante presença das culturas de matriz judaico-cristã, transformaram-se, reinventando práticas, mundos e terreiros. A macumba — expressão que, nos limites da política colonial, confere uma condição subalterna, perigosa e homogeneizante às múltiplas tradições reinventadas e praticadas em terras brasileiras, sendo que podemos ampliar esse leque para pensarmos as Américas como um terreiro traçado — se ressignifica, emergindo como uma potência híbrida que, ao indicar suas múltiplas possibilidades de negociar posições em fronteiras, nos apresenta também formas de agenciamento, de enlace de redes de solidariedade que se diferenciam a partir de um modo de racionalidade distinto do evocado pelo Ocidente.

Outro aspecto que reposiciona a noção de macumba é o fato de ser um signo ambivalente, na medida em que essa expressão resguarda tanto a intenção de regulação de um poder sobre outro — nesse caso, do colonialismo para com as práticas colonizadas — como também aponta um vazio deixado. É nesse vazio — fresta — que eclodem as invenções que jogam com as ambiguidades do poder, golpeando nos interstícios da própria estrutura ideológica dominante. Nesse sentido, as culturas que são identificadas como macumbas emergem tanto de seus repertórios vernaculares quanto dos vazios próprios dos limites da ordem ideológica vigente.

Em outra perspectiva, entretanto, a macumba compreendida como um termo híbrido escorre para um não lugar, ao mesmo tempo em que é um "corpo estranho" no projeto de Estado-nação, não ajustável à política colonial, encontrando frestas nos limites do poder, pois é também um duplo. Primeiramente, o duplo não é ajustável a nenhuma ordem, mas, como corpo ambivalente, carrega em si parte possível de coexistência e de interpenetração.

As macumbas como complexos pluriversais nos possibilitam pensar a configuração do mundo colonial como encruzilhada. Essa configuração "encruzada" desautoriza o rigor do modelo dominante. Dessa forma, a obsessão cartesiana da modernidade ocidental e suas ações de controle do tempo dão lugar à vastidão de caminhos possíveis e ao inacabamento (Yangí e Òkòtò) como elemento construtor da história. Considerando o mundo como algo inacabado, as macumbas brasileiras emergem como experiências sociais produtoras/reprodutoras de conhecimentos, que, ao serem praticadas, pressupõem outras epistemologias, ou, como prefiro chamar, outras poéticas/políticas.

Atrelada à noção de *assentamento* está a de *terreiro*. Nessa perspectiva, emergem as mais diferentes compreensões acerca do que é terreiro. Sejam esses físicos ou não, sejam os de terra batida, ou dos barracões de zinco, das rodas e palmas ritmadas, dos versos que, costurados, definem quem está dentro e quem está fora, seja do próprio corpo transformado, pelo rito, em totem, arquivo de memórias ancestrais. O terreiro é o empreendimento inventivo das populações negras transladadas por conta das violências da escravidão, é a reinvenção do tempo/espaço no rito. A diáspora africana, à medida que se codifica como uma encruzilhada transatlântica, um assentamento negro-africano no "novo mundo", compreende-se também como um imenso terreiro que pare muitos outros.

As noções de *encruzilhada*, *assentamento* e *terreiro* são potentes para uma releitura das conceituações de cultura a partir de categorias afrodiaspóricas. Atravessar as noções de cultura forjadas no cerne da ciência por noções forjadas no âmbito das experiências sociais pretas e ameríndias é estar a praticar parte do que compreendo e defendo como Pedagogia das Encruzilhadas.

A vinculação do conceito de diáspora africana à noção de encruzilhada acrescenta ainda a perspectiva de que os fluxos transatlânticos não se encerraram com o fim dos comércios humanos, ou seja, do regime escravagista. A diáspora africana é um empreendimento inacabado que continua cotidianamente a traçar fluxos e travessias, configurando a formação de uma rede de *encruzilhadas*. A encruzilhada potencializa a compreensão das experiências de deslocamento, nos favorecendo a pensar esses trânsitos, fluxos ou travessias como possibilidades de constantes recriações das culturas.

A meu ver, mais do que um oceano entre as Áfricas e as Américas, há uma gigantesca encruzilhada que é cotidianamente redefinida pelos fluxos que por ali passam. Gente, música, comida, segredo, crença, história, paixão, esperança, desejo — pelas "portas dos mercados" passa de tudo um pouco. Nessa encruzilhada há um poder primordial, o senhor dela é também senhor dos mercados, das trocas, do dinamismo da vida, é a "boca do mundo". Ele engole tudo que vê e cospe em seguida, o restituindo, lhe concedendo outras formas e sentidos.

A encruzilhada de Exu atravessada pela noção de diáspora transgride a de produção de não presenças, de subalternidades e violências por parte do colonialismo, para a emergência de possibilidades, reinvenções e mobilidade. Como já anunciado nesse "ebó descolonial" em forma de texto, o colonialismo fez da cruz a sua égide; as sabedorias negro-africanas transladadas pelo Atlântico e ressignificadas nas bandas de cá praticaram as encruzilhadas de Exu como campo de possibilidades e formas de reinvenção da vida.

A diáspora africana é *encruzilhada*, *assentamento* e *terreiro*. É também um balaio macumbístico que ata inúmeras possibilidades encruzadas a partir das peripécias de Exu. É ele o cruzo entre resiliência e transgressão; está em tudo e em tudo está praticando suas estripulias. Exu está vivo encantado em cada uma das esquinas da modernidade.

Povo de Rua: praticar espaços e cuspir antidisciplinas

Seu Tranca Rua que nasceu na rua, se criou na rua, na rua morreu...
Seu Tranca Rua, Seu Tranca Rua, Seu Tranca Rua ainda é o dono da
Rua.[30]

O QUE É O NOVO MUNDO? Projeto de civilidade construído a sangue, suor e espoliação? Dissecação do vivo? Selva de pedra? Coluna de ruínas que se erguem até o céu, paralisando anjos e empilhando gente? Ah, meus camaradinhas, as marafundas de outrora continuam a nos embaraçar, porém, firmemos nossas intenções. Nossos caminhos se inscrevem como possibilidades, nos lancemos no poder da espiral do tempo que nos transmuta e renova entre a resiliência e a transgressão. Nossas pedras encarnam sabedorias ancestrais, nossos corpos são como pedaços de Yangí, nossos movimentos encantam aquilo que cruzamos. É hora de escarafunchar o miúdo, se lançar na escuta das ciências dos tidos como "não humanos", ou seja, daqueles que foram subtraídos da história.

---

[30] Ponto cantado de seu Tranca Rua das Almas.

Eis as ruas, suas esquinas e encruzilhadas: por lá inventam-se os cotidianos. Em cada rua, em suas curvas e dobras, acende-se as velas e vela-se as vidas, rega-se o chão e os corpos com marafo. A rua nada mais é do que o que se passa por ela, sujeitos comuns e suas práticas. A rua é tão diversa quanto os tipos que a praticam, inscrevendo seus saberes nos cotidianos. A rua é de quem nasce, se cria e morre nela, digamos também que é daqueles que a fazem de lugar de passagem, rito de invenção do mundo. A rua é das mulheres e homens comuns, suas histórias e sapiências, modos de vida significados nas frestas e na escassez. Eis a rua e seus zeladores, os tipos que nascem, se criam e morrem por lá, eis os que a fazem como lugar de passagem, eis os sujeitos que a praticam, eis os poderes que por ali se encantam, eis o *povo da rua*.

Trabalhadores[31] de todas as espécies, malandros de todos os naipes, gatunos, mascates, meretrizes, abandonados, fugitivos, mendigos, desvalidos de oportunidade, desocupados, exploradores da sorte, da fé e do desejo alheio, a rua abriga uma diversidade de tipos, assim como um amplo repertório de práticas, modos de fazer. O lugar que se abre e onde se cruzam os poderes que reinventam a vida enquanto possibilidade chama-se encruzilhada, vulgo encruza. É lá que o estrondo da gargalhada explode no pé de nossos ouvidos. Mareados na nuvem de fumaça, nossas certezas e ambições se desmantelam. O corpo cambaleia, busca um novo arranjo, que só possível na ginga. Há de se incorporar outros sentidos. A encruzilhada é onde se destroem as certezas, é, por excelência, o lugar das frestas e das possibilidades.

---

[31] Tomo de empréstimo o sentido encantado do termo "trabalhador", o mesmo que é versado nas práticas das macumbas brasileiras. Esse termo se desloca dos vínculos empregados na concepção clássica de trabalho, conferindo a ele não só dimensões imateriais, como também a rejeição à noção convencional de trabalho como uma possibilidade de reinvenção da vida, de sobrevivência e de labuta. O sentido utilizado aqui ganha força nas expressões: "Ele é malandro, mas é trabalhador"; "Vida de malandro não é fácil"; "Trabalhar, trabalhar pra quê? Se eu trabalhar, eu vou morrer". Todas essas expressões são versos de cânticos rituais e máximas filosóficas paridas nos terreiros. Esses versos, se lidos "ao pé da letra", expõem à primeira vista contradições; porém, se lidos a partir da potência do encantamento, apontam para outros perspectivismos e para o caráter pluriversal do termo "trabalho" nas ritualidades negro-africanas aqui recriadas.

A rua nos ensina, é escola. A noção de caminho assentada no signo Exu é aqui utilizada. O caminho como potência transborda o entendimento da rua como lugar de trajetórias determinadas, rasura-se a pretensão da rua como um lugar desencarnado dos sentidos imateriais que a codificam como um signo complexo. A noção de caminho enquanto possibilidade inscreve-se nos termos de *Onã*, o Senhor dos Caminhos. Dessa forma, adentrar a rua a partir de seu encanto nos permite ir além de sua concretude. Incidimos naquilo que o *flâneur* chamou de alma[32] para pensá-la a partir dos princípios significados nos ritos. Os ritos do ir e vir cotidianos, dos caminhantes, daqueles que a praticam, conferem à rua a condição de tempo/espaço inventivo, por onde se riscam e alinhavam saberes.

A noção de caminho conferida nos termos de *Onã* é a mesma que está presente também na noção de encruzilhada. A partir de um giro conceitual, referenciado pelas noções assentes em Exu, a palavra caminho passa a empregar o sentido de possibilidades, concedendo, assim, não um único sentido ou direção. Os caminhos compreendidos e praticados pelos efeitos de Onã não se fixam à seguridade das certezas. A célebre expressão "Exu dá caminho", comumente circulada nos terreiros, revela o caráter dinâmico, criativo e inacabado do signo. Assim, dar caminho não é necessariamente apontar o trajeto, mas potencializar/praticar as possibilidades. A noção de caminho é ambivalente como Exu. A expressão popular que atribui a Exu o fato de abrir ou fechar caminhos não corrobora a construção de ideias polarizadas e maniqueístas, mas diz respeito aos efeitos e operações do signo complexo e dinâmico que é Exu.

A fisicalidade da rua é apenas um dado em relação à complexidade do que está compreendido em sua espiritualidade, ou seja, sua dimensão metafísica. Assim, é fundamental que interpretemos essa dimensão espiritual a partir de uma leitura traçada entre o repertório assente no signo Exu. A noção *povo de rua*, cunhada e circulada nas macumbas brasileiras para se referir às manifestações que exaltam traços identitários das populações produzidas como marginais, é aqui deslocada para operar na tessitura

---

[32] Menção ao pensamento de João do Rio em "A alma encantadora das ruas".

de outros sentidos. Na Pedagogia das Encruzilhadas, *povo de rua* emerge como conceito para se referir a uma série de práticas que disferem golpes operados a partir de um modo de racionalidade diferente daquela do Ocidente, estruturante de um complexo de saber, práticas de espaço e sapiências corporais.

Malandros, prostitutas, cafetões, ladrões de toda estirpe, assassinos, excomungados, bêbados, eternos caminhantes, fugitivos, achacadores de otários, toda a sorte de miseráveis que, em seus corpos e práticas, forjam um inventário *tático* de modos de *ser* e praticar a rua. Arquivos corporais que codificam e enunciam nas práticas uma contracultura do civilismo colonial. São sujeitos comuns, praticantes munidos de saberes que disferem golpes imprevisíveis, oportunos, produtores de ações rebeldes que inventam os cotidianos como possibilidade de sobrevivência. Grita a máxima daqueles que poetizaram a noção de sobrevivência como o sambar no fio da navalha: "Vida de malandro não é fácil".

Povo de rua é apresentado aqui então como um complexo que aponta diferentes características da rua e seus modos de fazer. A rua mirada no horizonte das problematizações desenvolvidas no campo das linguagens emerge como um texto inacabado, composto de inúmeras formas de inscrições e autorias. Dessa forma, a rua, perspectiva exusíaca, compreende-se como um vasto campo em que operam diferentes saberes praticados. Essas práticas remetem, assim, a uma forma específica de "operações" ("maneiras de fazer"). Essa leitura sobre a rua revela a dimensão poética e de encantamento do tempo/espaço enquanto instância inventiva das práticas. Assim, diferencia-se do caráter desencantado da produção de uma cidade simulacro que regula e criminaliza as invenções cotidianas sob a instância da ordem, que, por sua vez, é regida a partir de uma orientação ideológica edificada nos ditames da colonialidade.

Sendo Exu o dono da rua por excelência, aquele que compreende os princípios e potências que a dinamizam enquanto campo de possibilidades, é também ele que resguarda e imanta os saberes/fazeres daqueles que a habitam e a praticam. Assim, outro caráter que integra a noção de *povo de rua* é a articulação entre diferentes discursos subalternos, marcados diretamente por uma constante produção de não existência, credibilidade e interdição.

Os diferentes tipos integrantes do complexo *povo de rua* são em grande parte produzidos como subalternos, pois são tidos como aqueles que praticam ou estão marcados pela condição do desvio, do desregramento e da imoralidade. Dessa forma, *povo de rua* compreende desde referenciais identitários produzidos a partir de modos de vida afetados pelas problemáticas tangenciadas nas interseções entre raça/gênero/classe, como também nas identificações relativas à compreensão de desvio moral pautada em uma ética cristã a serviço da ordem colonial.

A noção de *povo de rua* aqui apresentada se desloca para protagonizar/credibilizar os deslocamentos/desestabilizações produzidos na emergência de outros lugares de enunciação. Nesse sentido, ao praticarmos um *rolê epistemológico* e ao problematizarmos a linguagem como campo de tensões e disputas acerca das produções dos regimes de verdade, outras histórias emergem codificando-se como potências de descolonização, produtoras de subjetividades e ações transgressoras e comprometidas na busca de uma transformação radical.

As possibilidades de credibilizarmos a rua e seus praticantes como autores de um balaio de antidisciplinas, gingas, rotas de fuga, dribles, rasuras, rasteiras, artes de sucataria e bricolagens se dá a partir das operações riscadas e propostas na Pedagogia das Encruzilhadas. Nas ruas, esquinas e encruzilhadas da cidade, os corpos, subalternizados frente ao dilema colonial, praticam os espaços, gingam, golpeiam, sobrevivem. Gargalhadas *padilhadas*[33], dribles de corpo malandreados, nuvens de fumaça baforadas das bocas daqueles que se imantam na rua como os zeladores do lugar, corpos enviesados, maltrapilhos, mulambos. Corre, corre as ruas, corre gira. Existem infinitas maneiras de fazer, os modos astuciosos de proceder na rua riscam os pontos de uma amarração de ações de desobediência.

É mobilizado pelos *rolês* que risco o ponto de minhas desobediências e traquinagens. Exu é o que mobiliza a formação de parte de minhas

---

[33] Ver Simas e Rufino (2018).

subjetividades inconformistas/rebeldes, de minhas travessuras no campo do saber e de minha resposta responsável na formulação/proposição de uma Pedagogia das Encruzilhadas. A desobediência, a traquinagem e as estripulias causadoras dos conflitos são as potências. Aí está. Eis o Catiço. (Gargalha...) O riso e a esculhambação, riscados taticamente, orientados por uma máxima rebelde, operam golpes nos limites do enrijecimento das normatizações, arrogâncias e desencantamentos das vias de mão única. O riso não como alegoria, mas como destronamento, tão sacana quanto o sarro, o drible, o "finge que vai, mas não vai!" O riso da visão carnavalesca do mundo, transgressor e destruidor da seriedade unilateral, das certezas e suas pretensas incondicionais e intemporais. O riso é o que desobstrui, desmantela a tensão física, desarranja, fertiliza — "me caguei de rir". Liberta-se a tal consciência, o pensamento e a imaginação, que passam a estar disponíveis para o emergir de novas possibilidades.

Eis a rua, suas antidisciplinas, seus saberes desobedientes, caminhantes, errantes, abusados. "A carruagem quebrou na estrada, a Pombagira é abusada e ela vai a pé (...) Réu, réu, réu (...) Réu, réu, ohh! A carruagem quebrou na estrada, a Pombagira é abusada e ela vai a pé!"[34] Eis o abuso do caminhante, como a emergência de outros saberes mundos, risca-se o chão, o fazer de quem caminha, o saber que se risca no tempo/espaço, outras escritas, outros caminhos. O que temos de aprender com a rua? Amarro o ponto: a vagabundagem, a esculhambação, a negaça, a travessura e o encantamento de Exu.

Invoco o bruxo sertanejo: "O diabo na rua, no meio do redemoinho..."[35] Explosões, clarões na encruza, ouve uma gargalhada, *Tranca a Rua*, abre a porteira de novos caminhos e possibilidades. A malandragem tida como modo de vida criminoso gira para se configurar como um complexo de saberes vinculados às possibilidades de invenção da vida nas frestas. O vasto repertório e as múltiplas textualidades discursivas das pombagiras compreendem-se como golpes, operados e assentados em uma espécie

---

[34] Ponto cantado da pombagira Maria Padilha da Estrada.
[35] Menção ao pensamento de Guimaraes Rosa.

de poder feminino das encruzilhadas. O mesmo, emergente dos vazios deixados pelo projeto colonial, racista e patriarcal edificado nos estupros, servilismos, objetificações, regulações dos corpos sob a égide do pecado, entre tantas outras formas de violência. A perspectiva do caminhante, do vagabundo, do "morador da rua" como aquele que pratica uma espécie de desobediência civil, que pratica os espaços rasurando a textualidade de uma cidade simulacro para redefini-la como um tempo/espaço de invenção da sobrevivência. O maltrapilho, desvalido da sorte, íntimo da fome, da sujeira, conhecedor das inúmeras formas miseráveis da vida. Esse sujeito lançado à condição de sua existência, em meio à precariedade, perambula na arte da sobrevivência em meio às sucatas, ao lixo, aos restos.

A rua incorpora outros sentidos, encarna uma alma própria, traquina e sem amarras morais. A musculatura da rua, tensa, enrijecida, vigiada, escapa para performatizar as invenções nas frestas, modos esses enunciados a partir de outros arranjos, só possíveis na ginga, no riso, no drible, no andar de viés. A rua mirada a partir da lógica dos que a praticam revela as contradições, ambivalências, negociações, jogos, como também a fragilidade das ambições dos que tentam transformá-la em algo único. Haverá quem diga que a rua é um lugar violento, inóspito, contaminado e marginal, lá cada um estaria lançado à sua própria sorte. A palavra "rua" torna-se adjetivo que sopra pragas, condenações ou, no extremo das ausências, é a única possibilidade, a cartada que joga com os elementos da imprevisibilidade em um jogo de tudo ou nada.

A rua e as suas derivações, inscritas nos ideais coloniais de civilidade do ocidente europeu, padece do assombramento do expurgo, da assepsia, do embelezamento, da ordem, da higienização, da formalidade, da repressão e das ausências de criatividade. Não à toa, a invenção das ruas, esquinas e encruzilhadas como tempos/espaços praticados ressoa como verdadeira astúcia, contragolpe aos regimes de desencantamento do mundo produzidos pelas ações coloniais.

O mundo colonial, cindido, binário, assombrado pelo pecado e pela salvação. Assim, desmantelá-lo não quer dizer que, após o rompimento de suas fronteiras, passagens e caminhos irão se abrir entre as duas zonas.

Acabar com ele significa destruí-lo totalmente, expulsá-lo completamente. A violência das ruas apontada por alguns não é simplesmente uma questão de desordem de uma das zonas que compõem os dois lados, mas é reflexo de uma lógica, a mesma que sustenta a invenção de um mundo dividido. Ah, meus camaradinhas, não há epistemologia do Norte ou do Sul que sustente um tiro de 762. O colonialismo é violência, terror. Em toda e qualquer experiência colonial, a violência opera como a sutura, amarração e ortopedia do projeto. Na rua, há de se aprender a jogar com a lógica. A rua, enquanto *ente*, é o tempo/espaço que risca o seu ponto com flores e facas cruzadas. A encruzilhada nos ensina que, mais do que as múltiplas possibilidades de caminho, devemos aprender com as possibilidades de *cruzos*.

As perspectivas lançadas pelo conceito de *povo de rua* nos deslocam para encarnarmos os tempos/espaços/práticas cotidianas para além de um mundo dividido entre flores e facas. Nos incita a nos lançarmos às inscrições das flores e facas cruzadas, na medida em que a encruzilhada, em que se acende a vela e se vela a vida, é a mesma onde se arreiam e se cruzam flores e facas. A rua tem dono que a guarda e a dinamiza. A rua, na inscrição de seu povo, é a da desobediência do caminhante, da gargalhada que destrona, das sapiências do corpo, da palavra cruzada, da astúcia, da transgressão, da antidisciplina. A rua é de quem nasce, vive e morre nela. Em suma, a rua é a porteira do mundo.

A Dobra da Palavra: marafundas coloniais, o encanto contra a desmacumbização

LEIO A DIÁSPORA AFRICANA como *assentamento, terreiro e encruzilhada*. Todos esses termos próprios das gramáticas do encante são aqui lançados para enfatizar os cruzos que se dão em meio à dinâmica entre transgressão e resiliência dos seres paridos para "não ser". As possibilidades vão assim emergindo, rompendo com os limites impostos pelo regime colonial, para, na linguagem, revirarem mundos e apresentarem outras rotas. A linguagem não é meramente um ato a ser executado, é a própria existência do ser em sua radicalidade, diversidade e imanência. Na linguagem, o ser se encarna em muitos e encarna tantos outros, dribla, finta, ginga e desdiz. A linguagem nos permite o escape a toda forma de controle e limitação. Se Exu é o signo que fundamenta uma teoria da vida, como também é princípio propulsor da linguagem, ele nos revela a dimensão da vida imbricada à arte, ao conhecimento e à infinitude.

Assim, o Novo Mundo é mais do que tratados, mapas, cartas de viajantes, documentos de compra, posse ou alforria. Esse empreendimento se versa também como enigma, como ponto riscado na força da pemba e cantado no poder do *efó*[36]. Dessa forma, existe algo para além do carrego e da má sorte aqui soprados. O Novo Mundo é uma *amarração*, um dizer com múltiplos entenderes. Haverá aqueles que o lerão pela via da tragédia, haverá aqueles que o lerão pela via da inventividade, e haverá ainda aqueles que o lerão de forma traçada, pela via do cruzo. É exatamente aí que mora o temor daqueles que nos catequizaram no medo, pois é no cruzo que surgem as possibilidades de encanto.

Para o colonialismo, não bastou o vigor da sua política de não existência, destituição ontológica daqueles submetidos como não brancos, foi preciso também se empenhar em um controle das dimensões da linguagem enunciada por esses grupos. Essa política de vigilância e opressão das invenções, movimentos, inscrições e presenças do ser enunciados em múltiplas textualidades por parte da empresa colonial, eu busco chamar de *processos de desmacumbização*. A invocação deste termo é feita para dimensionar o desencantamento e a perda de potência e energia vital (axé) perpetrados pelas operações daquilo que chamamos de racismo epistêmico, como também pelos processos de branquitude e pela edificação de uma política identitária em prol da construção dos Estados Coloniais.

Porém, nos lancemos em outros caminhos, haveremos de raspar o fundo da gamela. Os senhores não sabiam os conhecimentos que os colonos tinham acerca da força motriz da vida, da linguagem e das possibilidades de invenção nas dobras. Assim, para transgredir as ações de *desmacumbização* praticadas pela política do Estado Colonial, os praticantes enunciaram nos vazios deixados, fizeram o que eu chamo de *dobrar a palavra*. Transformaram a vadiagem em vadiação, fizeram do falar uma improvisação inacabada de versos que dizem sem dizer e não dizem dizendo, firmaram a fé como festas, apostaram no contragolpe como jogo e celebraram a morte como vida.

---

[36] Poder de encante proveniente da atividade da fala, hálito, ritmo, ar, sopro e palavra em imbricação produzem esse efeito.

A linguagem enunciada nas bandas de cá é uma linguagem traçada, língua do "povo do Congo".[37] A picada que abre as trilhas na força do discurso bebe nas sabedorias dos sujeitos que, ao longo dos tempos, inventaram mundos praticando as dobras do dizer. O mundo proposto para nós é narrado de forma monológica, o que é ofertado é um padrão mundial de ser, saber e poder assentado nas premissas do ocidente europeu. Somos, hoje, o reflexo dos efeitos do colonialismo, porém, não somos apenas isso.

A América Latina e os seus Estados Coloniais não ecoam o timbre de uma única toada, por aqui existem outros sons, a trama é polifônica, o conflito é princípio estruturante das existências e das invenções aqui vividas. Por mais que se invistam esforços para a solidificação de regimes de verdade assentados em uma pretensa lógica universalista, sempre haverá algo que escapará. As margens produziram e produzem inúmeros discursos, esses são enunciados de diferentes formas a partir das presenças e potências encarnadas pelas múltiplas formas de ser no mundo. Assim, as vozes enunciadas pelas margens ganharam força na capacidade de praticar as dobras na linguagem, operando nas frestas, negaças, gungunados, esquivas, gingas, gírias e feitiços.

Chamo de praticar a *dobra na linguagem* a capacidade de ser leitor e escritor em múltiplas textualidades. Dobrar a linguagem é a capacidade de, em meio aos regimes monológicos/monorracionalistas, explorar as possibilidades de se inventar polilinguista/polirracionalmente. A dobra é a astúcia daquele que enuncia para não ser totalmente compreendido, não pela falta de sentido, mas pela capacidade de produzir outros que transgridam as regras de um modo normativo. A linguagem é um campo que revela múltiplas possibilidades, assim como enigmatiza muitas outras. É o terreno onde os jogos se estabelecem, e seus movimentos podem ganhar outros rumos, as regras podem ser transgredidas e lançadas a outros horizontes.

---

[37] Linguagem utilizada em diferentes manifestações culturais como na cultura do jongo e nas macumbas. Uma língua metafórica-cifrada, que cruza o português a diferentes línguas africanas, como o quimbundo. A língua do Congo se inscreve como o caráter metalinguístico da linguagem dos pretos velhos.

Sigo atento ao ensinamento passado por um jongueiro: "Se me perguntam algo, antes de responder, eu cismo. Eu cismo com o que eu escuto. Eu cismo com as coisas antes de falar. Tem que cismar, meu filho! Ninguém pode se entregar de vez." Firmemos o ponto: não há descolonização do pensamento se não há a *dobra na linguagem*. Com a cabeça alumiada pela sabedoria de Ifá, parto da premissa de que o saber se versa em todas as línguas.[38] Assim, aqui nas encruzas do Novo Mundo, a lógica do jogo se inverte e cria campo para a invenção em que "cabe ao subalterno enigmatizar".

O enigma, que, para alguns, é o não dizer de forma direta, aparece em grande parte das culturas da diáspora africana como sendo as múltiplas possibilidades de entendimento encarnadas na comunicação. Os sujeitos plurilinguistas/plurirracionais são aqueles que foram submetidos às violências do colonialismo, assim, tiveram, nessas experiências, a capacidade resiliente de pluralizar os seus repertórios comunicativos. Entraram no jogo sem exterminar o outro, mas o absorvendo e o transformando em outra coisa, acumulando-o como força vital. Um modo de relação com a linguagem, único e intangível, gerado e parido no devir da experiência colonial.

Nas bandas de cá, cruzadas e amalgamadas, cospem-se versos que são amarrações, flechas atiradas, enigmas lançados das bocas de poetas feiticeiros. *Amarração* ou *ponto* são os termos invocados tanto na cultura do jongo quanto nas macumbas para dimensionar a criação, o poder e o encantamento através dos jogos de palavra. Cabe ressaltar que as palavras que atam os nós das amarrações, que fiam e alinhavam pontos, são montadas e encarnadas por memórias e sabedorias múltiplas.

Assim, a palavra invocada nesse jogo não é meramente aquela que se constitui como um conjunto de letras, sons, significado ou como unidade da linguagem humana, não é somente isso, é mais, é algo que transborda

---

[38] Essa ideia faz parte de uma das passagens de Orunmilá em uma das inúmeras narrativas míticas que integram o repertório poético do culto. Na mesma alude-se a Orunmilá como o senhor do conhecimento, aquele que é o único capaz de falar e ouvir em todas as línguas existentes.

para o campo do encante. A palavra entoada nas múltiplas sabedorias transladadas pelo Atlântico, recodificadas e dinamizadas nessas bandas é a palavra-corpo, presença e integralidade do ser/saber negro-africano, efeito de encantamento que cria, mobiliza, destrói e reconstrói cruzando os limites entre a materialidade e a espiritualidade. A palavra para que chamo a atenção aqui é o princípio e potência de Elegbara, o poder mágico que nos confere pulsão de vida.

Para os iorubás, a palavra se alinha às dimensões do sopro primordial, princípio gerador das existências e dos demais movimentos de criação. Nos mitos que compõem essa tradição, a palavra emerge como um amarrado de hálito, som, saliva e força, elementos que, em imbricação, produzem efeitos de mobilidade e concretização. Tecendo diálogo com outra perspectiva cultural, os falantes das diferentes línguas compreendidas no grupo nguni, populações identificadas como pertencentes do complexo linguístico banto, têm a noção de palavra vinculada ao conceito de força e poder. Assim, o que se expressa pela comunicação verbal é a própria dimensão do poder e da força do ser que a enuncia.

Esse breve riscado entre parte dos saberes dos jongueiros, das tradições iorubás e dos povos nguni fortalece, mais uma vez, a perspectiva da linguagem como elemento crítico, criativo, resiliente e transgressivo, contrário aos esforços do colonialismo. A presença e operação desses elementos na codificação de um Novo Mundo traçado e não homogêneo nos dizem muito. É na linguagem que opera parte das violências cometidas às populações negro-africanas transladadas para as Américas, como também é na linguagem que se praticam as táticas.

Dessa maneira, nas margens e frestas do Novo Mundo emergem outras vozes fundamentadas nas lógicas do enigma que lançam na espiral do tempo discursos que transgridem os limites e esculhambam as lógicas normatizadas pelo colonialismo. Assim, podemos considerar a capacidade da dobra da linguagem praticada pelos sujeitos afetados pelas violências coloniais como uma potência inventiva que perspectiva outras possibilidades de ser, saber e poder. As vozes subalternas que "atam e desatam nós" fizeram e fazem isso. Porém, a própria necessidade de transgressão dos termos hegemônicos nos indica também as suas pretensas lógicas universalistas em torno da intensa produção de exclusão e descredibilidade de outros modos. Dessa forma, é mais do que necessário o mergulho e a emergência de outras perspectivas de mundo. A presença e a credibilização das sabedorias daqueles que constituíram as dobras da linguagem é ação afirmativa e aponta para outros caminhos.

Assim, como sabedoria de fresta, trago a perspectiva lançada pelos jongueiros, que têm produzido, ao longo do tempo, as amarrações de palavras como forma de desestabilizar determinados efeitos provocando a emergência de outros. Dessa maneira, onde existe imobilidade, há também a necessidade de, através da palavra, invocar o poder que infere dinamismo. Nesse sentido, a palavra amarrada em versos opera como um procedimento de encante que gera movimento e transformação radical. O contrário disso seria o que os jongueiros chamam de marafunda, efeito que produz a estagnação, a perda de potência e o desencante.

Alumiado pelo que chamo de uma *filosofia da linguagem dos pretos velhos*, intitulo como *marafunda colonial* a noção que compreende a presença e os efeitos do colonialismo europeu ocidental como uma espécie de quebranto. Assim, as múltiplas sabedorias que praticam as dobras da linguagem, tecidas nos termos da relação, são aqui invocadas como perspectiva de combate às marafundas coloniais. Nesse sentido, havemos de considerar que os quebrantamentos, a perda de potência por parte dessas *marafundas coloniais*, feitiços de desencante da vida, nada mais são do que a operação e a presença da dimensão da colonialidade. Em outras palavras, é demanda das brabas a ser vencida.

A diáspora africana é o marco do genocídio e da imigração forçada de milhões de seres humanos durante mais de quatro séculos. Um marco trágico que fundamenta a invenção do Novo Mundo nas Américas ou, como nas palavras do preto velho Césaire, a remodelação da Europa enquanto centro, um mundo moralmente e espiritualmente indefensável. Esse mundo, encarnado pelo colonialismo, edifica a modernidade a partir da pilhagem de corpos negros e indígenas, colecionando estupros e espoliações.

Porém, a diáspora africana se lança em perspectiva cruzada, pois é também o circuito inventivo que remodela as formas de ser, saber e praticar o mundo em dinâmicas de fluxo contínuo, alianças e processos de identificação. As presenças, marcadas pelo contrato de dominação assente nos pressupostos de raça/racismo, são também responsáveis pela codificação de uma rede intercultural que intercambia múltiplas sabedorias que, praticadas socialmente nos mais diferentes tempos/espaços cotidianos, forjam experiências de reinvenção da vida.

A presença dos referenciais identitários dos jongueiros, dos iorubás e dos ngunis, imantadas e vigoradas sob o assentamento da afrodiáspora, ganham outros tônus, na medida em que esses referenciais, em relações de identificação, cruzo e agência, compartilham do mesmo processo de desmantelamento e reinvenção. Nesse sentido, nos cabe pensar o assentamento da afrodiáspora como um empreendimento inventivo, intercultural, que se codifica em um processo contínuo e inacabado.

As dinâmicas do Novo Mundo são encruzadas, é nesse sentido que havemos de praticar as dobras. O Atlântico é encruzilhada, o que é lançado na encruza é engolido de um jeito para ser cuspido de outro, essa é a máxima que dará o tom das virações. Assim, a diáspora africana é também o marco das formas resilientes, que praticam devidamente os ebós revelando a natureza de outras presenças (ontologias) e a produção de outros conhecimentos/poéticas (epistemologias). É a partir de um inventário de práticas de saber tecido nos transes diaspóricos que se desatam os nós das *marafundas coloniais* e se invocam outras vibrações. Essas outras pulsações não reivindicam a subversão, miram a transgressão, incorporam as sabedorias das giras cruzadas das Américas negras para inventar outros mundos.

A diáspora africana é, ao mesmo tempo, um fenômeno de despedaçamento e reconstrução. Além de se caracterizar como um enredamento de múltiplas encruzilhadas, riscadas pelo ir e vir dos navios, percursos que redimensionam as relações e as presenças nas bandas de cá, a diáspora é como Yangí. A partir de cada fragmento estilhaçado, pulsa uma nova invenção. Cada fragmento dos saberes, das memórias e dos espíritos negro-africanos que por aqui baixam é um pedaço de um corpo maior que, mesmo picotado, se coloca de pé e segue seu caminho dinamizando a vida.

A dinâmica versada nas bandas de cá é cruzada, alteritária e ambivalente. Nesse caso, a reinvenção perpassa por transformações radicais, ações que produzam, ao mesmo tempo, um desarranjo e um reposicionamento. Para o desate dessa demanda, proponho a prática da dobra da linguagem; é necessário o domínio de outras línguas e racionalidades. É necessário mergulhar nos enigmas para então compreender o curso por outros caminhos. A prática da encruzilhada se inscreve como perspectiva múltipla e de coexistência, que combate o autoritarismo e a arrogância de um único modo de saber a partir da emergência e a credibilização de outras possibilidades.

Exu é o signo que rompe com a intransigência das razões monológicas outorgadas pelo colonialismo, pois é tanto um princípio explicativo de mundo acerca do movimento, do dinamismo, da linguagem e de toda e qualquer atividade criativa, como é também o princípio que fundamenta a condição humana, seja na sua materialidade e caráter individualizado, seja na instância das potências cognitivas e nas interações sociais. Não à toa observa-se todo o investimento em sua interdição por parte da lógica colonial. A presença de Exu é compulsória e inerente a toda e qualquer manifestação de vida.

A protomatéria da criação, o movimento que encarna todos os seres, face individualizada de cada ser criado, as suas potências e produções, Exu fundamenta o princípio do ser/saber pluriversal. Linguista e intérprete do sistema mundo, é aquele que nos possibilita praticar as dobras. Exu fundamenta um estatuto ontológico e epistêmico negro-africano na medida em que é o princípio que instaura a vida nos seres juntamente com as potências cognitivas construtoras das suas práticas de saber. Nesse sentido, Exu reposiciona esses seres para um humanismo historicamente negado pelo regime colonial. A divindade iorubana, ressemantizada na diáspora, é o princípio e potência que fundamenta a natureza dos seres na medida em que é ele o elemento que cruza os homens às naturezas cósmicas (orixás) e ao movimento de tudo que é criado.

Atemos o verso. Eis a demanda. No Brasil o racismo infere na sustentação, produção e atualização das formas e operações de organização e desenvolvimento da sociedade. Nesse sentido, as problemáticas referentes aos termos raça e racismo aqui não se restringem às heranças oriundas da escravidão. Essas dimensões se complexificam e ganham tônus com os investimentos na formação da nação. Essas ações aprofundam mais ainda as violências, injustiças, desigualdades e abismos entre não brancos e brancos. A nação se constitui como um projeto de aprofundamento da exclusão das populações negras, seja pela não reparação aos danos de séculos de escravidão, pelas políticas públicas de imigração europeia, de controle dos corpos e das práticas, dos esforços para o embranquecimento através do culto à mestiçagem ou da naturalização das diferenças, o que omite a violência contra os negros e o privilégio dos brancos.

O Brasil enquanto um Estado Colonial é aquele que fundamenta o seu projeto de nação pelas vias das políticas de aniquilamento das populações negras e indígenas e de seus bens simbólicos, exaltando a mestiçagem não como uma trama pluriétnica, cosmopolita, polifônica, contínua, conflituosa e inacabada, mas como projeto político de controle, produção de desigualdade, anestesia e branqueamento da população. É nesse sentido que, para rompermos as formas de colonialidade e os processos de desmacumbização investidos pelo Estado Colonial brasileiro, haveremos de praticar a dobra da linguagem. Desatemos os nós para, então, identificarmos os investimentos de esterilização submetidos ao projeto civil por parte da política colonial.

O Brasil que insiste em se *desmacumbizar* é "democraticamente racial", genocida e monológico. Para avançarmos nos tratos de suas demandas, haveremos de ler os termos que compreendem as noções de *macumba* e de *mestiçagem* de forma cruzadas. Nesse sentido, temos de lançar mão de uma perspectiva em viés para, então, identificarmos os investimentos de esterilização submetidos à noção de macumba por parte da política colonial e cultuados até os dias de hoje, nas atualizadas formas de dominação. É necessário ressaltar que a macumba, a partir de um determinado momento da nossa história, passa a ser alvo do preconceito dos próprios herdeiros de suas sabedorias, deixando de ser credibilizada como um complexo de saberes e pertencimentos múltiplos para ser fixada unicamente como um termo degenerado, tipificado como referência de práticas e condutas subalternas.

Aqueles que foram obrigados a jogar no campo do outro e dobraram a linguagem cantaram: "senta no banco de areia, senta no banco de areia, a sereia está no mar, senta no banco de areia".[39] Assim, uma virada epistemológica que seja antirracista e mire a descolonização haverá de ser, necessariamente, uma virada linguística, uma ação poética/política. Debruçar-se sobre as práticas culturais afrodiaspóricas as mantendo como formas exóticas, folclóricas, animistas-fetichistas e menos sofisticadas é contribuir para a manutenção da toada de um racismo multifacetado, que opera do fenotípico ao epistêmico. Não basta objetificar as práticas e os praticantes como alvo de estudos centrados em razões intransigentes, como também não basta reivindicá-los em prol da representação da diversidade sem que os considere em suas integralidades. A virada epistêmica perpassa por ações de justiça cognitiva que reposicionem o lócus de enunciação dessas produções. Mais do que baianas e capoeiristas estampados em cartões postais, precisamos de movimentos que quebrem as linearidades e apontem outros cursos epistêmicos.

Assim, volto a ressaltar: não há virada epistemológica sem virada linguística. É nessa perspectiva que me refiro à dimensão epistêmica como sendo política/poética. O jongo dos versos enfeitiçados dos velhos cumbas, das bananeiras plantadas na boca da noite, da semântica dos rosários, dos versos lançados para a hora grande por Mano Elói e das ladainhas de cura de vovó Maria Joana. A capoeira do jogo de valentia e vadiação curtida por corpos devidamente fechados por rezas e patuás, das mandingas de Besouro ao jogo de encante de mestre Caiçara e seu Canjiquinha; onde se bate com o pé, há também uma mão invisível que toma conta. As umbandas, candomblés de cabocло, omolocôs, ritos domésticos e comunitários, cruzos entre pajelanças e passagens de eguns afrodiaspóricos. Das picúias dos calundus até a religião do caboclo exusíaco que cruza as sete encruzilhadas. Dos toques de congo dos tamborzões dos bailes funk, os mesmos que tocam para baixar caboclos de todas as bandas batem para o transe dos corpos.

---

[39] Verso entoado pela comunidade jongueira de Pinheiral.

A diáspora africana é assentamento, é chão comum para diferentes invenções. Assentamento é alicerce mesmo sem ser visto. Para um Brasil assombrado e desencantado pelo racismo/colonialismo, o que foi investido como saída para o "melhoramento civilizatório" é a negação de múltiplas sabedorias. Firmemos o ponto encruzando essa regra, praticando as transgressões necessárias, fazendo o que muitos dos que por aqui passaram fizeram. Vadiemos nas dobras da linguagem.

O arrebate do corpo, a ênfase no saber corporal

QUAL É A COR DA CARAPUÇA QUE VESTE EXU?[40] (Gargalha...) Qualquer uma que ele queira. Exu pode ser o que quiser, manifesta-se como bem entender, é um princípio incontrolável. Ele é a primeira estrela, o primeiro a ser criado e também o que dá o tom do acabamento nas dinâmicas que encruzam os mundos. É impossível dizer qual a forma que ele escolherá para se apresentar e interagir conosco. Exu é a conexão entre tudo, é o princípio de tudo que se passa de uma coisa para outra, de um ser para o outro. É ele que conecta as diferentes dimensões que compõem as existências, é o nosso compadre que transita serelepe conectando o Orun com o Ayê, as divindades (orixás) entre si e com os demais seres existentes. É reservada a esse orixá a condição de princípio de conexão, interlocução e mediação.

Exu se configura como a divindade mais próxima de nós, encarnado em todos os momentos de nossas existências, desde o grito do recém-nascido

---

[40] Esse questionamento se encruza a uma das mais conhecidas narrativas sobre Exu, presente em um dos 256 odus Ifá, em que o orixá veste um gorro de duas cores e serpenteia entre os limites de visão de dois vizinhos que travam uma trágica disputa pela certeza acerca da cor do gorro.

ao último suspiro de morte. Já diria o sábio conhecedor do riscado: "Exu é o primeiro na vida e na morte".[41] Mesmo interpenetrado em todas as instâncias da existência dos homens e se aproximando ao máximo do caráter humano, ele ri de nossas limitações, anseios, zomba daqueles que enveredam pelas obsessões de grandeza e certeza. Exu nos faz sentar no vazio, esculhamba nossas pretensiosas verdades. Constrói ao destruir. No jogo sincopado, o que nos espreita é a queda. Não à toa, é ele o princípio da imprevisibilidade. Assim, o que há de emergir no vazio do sincopado? Exu nos sopra: reinvente-se, crie. Haverá sempre uma possibilidade.

O ensinamento do velho mestre conhecedor das mandingas do corpo nos diz: "ficar com os dois pés no chão é pedir para cair"[42]. A sapiência está na artimanha de, quando se bota um pé, se tira o outro; se coloca o pé, tira a mão e vice-versa, daí nasce o jogo de corpo, a ginga, o rolê, o drible e a negaça. Assim, fingindo que vai para um lado, corre para o outro, o jogo de corpo é sanfonado, quando se quer, fica grande, quando não, se amiúda.[43] O corpo é esfera mantenedora de potências múltiplas, o poder que o incorpora o transforma em um campo de possibilidades. O corpo em performance nos ritos se mostra como arquivo de memórias ancestrais, um dispositivo de saberes múltiplos que enunciam outras muitas experiências.

Se a manha do jogo de corpo está em não deixar os dois pés presos no chão, seremos desafiados a dar nossos pulos. Afinal, "é a necessidade que faz o sapo pular"! E é aí, em meio a gingas, dribles, rolês, pernadas, pulos de um lado para o outro que emerge o elemento principal da reflexão aqui riscada, o *saber corporal* (Tavares, 2014). Este elemento é o núcleo responsável pelas manifestações e reproduções das sabedorias negro-africanas transladadas e ressignificadas na diáspora.

O arrebate do corpo a partir de Exu, bem como a emergência e a credibilização dos seus saberes, implica no exercício de *rolês epistêmicos*,

---

[41] Essa frase foi enunciada pelo sacerdote de candomblé Pai Carlinhos.
[42] Fala de Mestre João Grande.
[43] Fala de Mestre Moraes.

movimentos que nos deslocam ao encontro de caminhos pluriepistêmicos e polirracionais. Esses cursos, cruzados e imantados pelo axé de Exu, se atam de forma ética/estética às orientações antirracistas e de descolonização e se entrecruzam compartilhando o ideal de uma transformação radical implicado na luta pela equidade. A instituição colonial edificou-se a partir da pilhagem de corpos indígenas e negros brutalmente assassinados, desencantados, desmantelados e blindados cognitivamente (Tavares, 2015). O corpo negro, como um suporte que monta outras sabedorias, um inventário e mola propulsora de invenções, firma como um assentamento de outros modos de racionalidades, opostos aos praticados pelo Ocidente. Dessa forma, o corpo se consagra como a própria instituição que compreende a existência do ser em integralidade com a comunidade e o universo (Tavares, 2014).

Exu é a esfera que nos possibilita um reposicionamento do corpo. A disponibilidade conceitual inscrita nesse signo nos revela dimensões historicamente negadas pelos regimes de verdade mantidos pelo Ocidente. A emergência de novas perspectivas, a partir de Exu, nos permite credibilizar princípios, domínios e potências do *ser* que transgridem os parâmetros da política colonial. Cabe ressaltar que essa política de dominação exercida há mais de quinhentos anos é demasiadamente concentrada na violência contra os corpos. Assim, a violência praticada nos cotidianos da colônia autoriza a coisificação dos seres, do mesmo modo que a coisificação perpetua a violência. Nesse sentido, funda-se uma lógica de governabilidade da vida, uma marafunda viciosa que substancia o sentido existencial do homem branco (colonizador) em detrimento do desvio existencial do ser não branco (colonizado).

Assim, a política colonial sempre foi e sempre será uma biopolítica. Por aqui, há mais de cinco séculos se empilham corpos, se cavam covas rasas, assim como se investe em tecnologias de contenção, tortura e docilização dos mesmos. Para além da manutenção do genocídio de indígenas e negros, há também o investimento na perpetuação do esquecimento. Essa dimensão é aquela que os iorubás conhecem como a morte espiritual, a morte não física. A empresa colonial mata de inúmeras formas, seja com balas, com a precarização da vida, com o desarranjo das memórias, com o desmantelo cognitivo, com a coisificação do ser ou com a produção e a manutenção do trauma.

A proposição de uma pedagogia que é montada, feito cavalo de santo, por Exu, se orienta por uma filosofia imanente na ancestralidade negro-africana em diáspora. Assim, recolhe-se, no balaio de memórias, múltiplas sabedorias praticadas ao longo do tempo por aqueles que vieram antes e, no fiar da pertença, da continuidade, da esperança e da utopia, partilharam o sentido do *ser* e a reinvenção da vida. Exu, como espiral do tempo, é um dos princípios fundamentais para a fundamentação do conceito de ancestralidade. É ele a liga das existências, o devir; o seu caráter como elemento procriador e comunicador nos permite o alargamento do tempo/espaço e a interação dos seres em perspectiva multidimensional.

Exu é a força motriz do universo, um poder incontrolável e impossível de ser dominado. A interação com o mesmo reivindica uma ética responsiva, uma vez que é ele o múltiplo no uno e o um multiplicado ao infinito, está em tudo e tudo nele está. Assim, como uma potência inesgotável, dobra qualquer perspectiva de escassez. Por isso ele é o senhor dos caminhos (Onã), pois o seu caráter dinâmico é uma constante produtiva. São inúmeros os mitos em que Exu protagoniza pelejas vencendo a morte, e, em grande parte delas, ele age através de sua perspicácia, a ludibriando, pregando peças nela e a afastando de afetar aqueles a quem ela se destina. Como no caso do mito em que Exu salva Orunmilá da morte, servindo a ela a comida que Orunmilá ofertou como ebó. Assim, a morte não poderia mais matá-lo, pois havia se alimentado da sua comida.[44]

É importante ressaltar que, em grande parte das narrativas míticas, a noção de morte transcende a dimensão de uma simples oposição à vida. Nesse sentido, destacam-se as perspectivas explicativas assentes na cosmogonia iorubana e, respectivamente, nos cruzos da afrodiáspora, em que a noção de morte, para além da constituição da matéria, se vincula às noções

---

[44] Essa passagem está contida em um dos 256 odus Ifá. Nela também se ressalta a dimensão de uma ética responsiva entre Exu, Orunmilá e Iku.

de esquecimento, escassez, desencante e perda de energia vital. Esse giro enunciativo é fundamental para credibilizarmos os cultos à ancestralidade — suas invocações e encarnações — como elementos emergentes e fundamentais na reinvenção da vida na diáspora, na medida em que abrem um campo de possibilidades de combate à escassez.

Assim, a dimensão do corpo, para essas sabedorias, transcende os limites do emprego usado pela lógica ocidental. O mesmo é suporte de sabedorias múltiplas que baixam e o encarnam; é também um elemento de imantação e diálogo constante (*cruzo*) com o campo multidimensional. O corpo potencializado pelo transe (deslocamento e trânsito por múltiplas dimensões) passa a não ser meramente passivo às violências a ele empregadas, se desgarra da fixidez material imposta pelo substantivo racial e passa a operar inventando/inventariando ações de resiliência e transgressão.

Nesse sentido, reposicionar o corpo a partir de um curso de ser/saber outro, lido pelas encruzilhadas de Exu, passa por credibilizá-lo como potência. Assim, emerge como caminho não somente aquilo que, em primeiro momento, é o corpo nos limites de sua materialidade, mas aquilo que o filósofo afro-brasileiro Vicente Ferreira Pastinha atou como sendo "tudo que o corpo dá". Ou seja, a integralidade entre suporte físico e suas potências, que eu compreendo como as operações de Bara e Elegbara, o corpo físico e sua espiritualidade (potências). Dessa forma, é a partir desses conceitos que adentramos as práticas de saber da afrodiáspora como repertórios táticos inventariados nas dimensões da corporeidade. Mandinga, incorporação, ginga, negaça, transe, rolê, efó, amarração, feitiço, terreiro, esquiva, drible, entre outros inúmeros conceitos praticados como sabedorias de fresta, são marcas que tecem esse inventário assente nos limites do corpo.

Exu é aquele que tem a cabeça afiada como a ponta de um obé[45]. Ifá nos conta que sobre a cabeça desse orixá não repousam fardos, ele é um único corpo, um ser integral, que sente/age e reverbera as potências criativas do ser supremo em seu todo. Exu, quando se parte, é porque de seus pedaços emergirá um novo ser, tão completo e integral como aquele que havia antes.

---

[45] Faca.

Ele é o movimento primordial, de tempos remotos, antes mesmo da criação do universo o dinamismo dessa força gerou a primeira matéria, um ponto concentrado que se materializou imantando toda a força propulsora. Esse ponto concentrado, materialização da potência de Exu, não suportou conter toda a força criativa e explodiu. Da própria energia da explosão gerou-se o movimento de ordenação do universo. Dos pedaços estilhaçados por todo o infinito nasceram novas criações, a reverberação desse evento gerou a possibilidade do acontecer, do devir. É por isso que Exu é lido como a espiral do tempo, o primeiro corpo, aquele que é dotado de inteligibilidade, que atravessa tudo e todos, pois é o próprio acontecimento em si.

Na Pedagogia das Encruzilhadas, o corpo e os seus saberes emergem a partir do referencial Exu. O corpo, primeiro lugar do ser no mundo, suporte em que baixam potências múltiplas. Esse elemento, alvo de tortura, objetificação, cárcere e estupro durante a pavimentação do Novo Mundo, é aqui lido a partir dos domínios e potências de Bara (dono do corpo) e Elegbara (senhor do poder mágico). Minha intenção ao invocar esses domínios é praticar um verdadeiro furdunço teórico-metodológico, porém, comprometido com o espírito exusíaco de reorganizar a partir da desordem para apontar novos caminhos. Isso se faz necessário na medida em que o colonialismo concentrou seus ataques primeiramente nas dimensões do corpo.

Essa trilha aberta pelo preto velho Fanon é incursionada pelo capoeira Tavares (2014), que nos lembra que os processos ditos civilizatórios, praticados via escravidão/colonialismo, transformaram o ser negro em algo coisificado. De um corpo integrado às múltiplas dimensões de suas cosmovisões, instância do sagrado e também de toda e qualquer possibilidade criativa, o corpo negro foi transformado em *peça*[46] de um processo de transformação material. Ou seja, "homem metal" ou "homem niquelado", aquele que só é tido como possível a partir de seu caráter mercantil, de seu desvio ontológico, para ser fundido como uma nova forma nas forjas do Novo Mundo.

---

[46] Segundo Tavares (2014), a denominação era justamente a de *peça*. O corpo negro, dado que sua condição de humanidade desaparecia, era uma ferramenta descartável.

Como parte integrante da agenda curricular do Estado Colonial, os modos de educação praticados via escolarização, ao longo dos tempos, reificaram os ideais dominantes. Assim, manteve-se de forma institucional a lógica de disciplinarização dos corpos, os desmantelos, blindagens e desordens das memórias e das cognições. Plantou-se na subjetividade dos seres da colônia a toada "preto não tem história", "o preto é mais adaptado ao trabalho braçal", "preto é desalmado". A tríade colonialismo, igreja e ciência operou no desmembramento da integralidade entre mente, corpo e espírito e na transformação dessas três instâncias como partes a serem cultivadas de forma separada. A invenção do ser via essa lógica dominante perpassa, então, pela vigilância do corpo (pecado), a edificação da mente (racionalidade) e a salvação do espírito (cristianização).

Para o ser negro, fixado a uma condição vacilante, animalizado, coisificado e fundido, nas fornalhas coloniais, nos moldes do lucro, o que resta é a contenção dos seus impulsos primitivos por meio da subordinação do corpo (cativo, objeto sexual, brinquedo, alegoria), da infantilização da mente (ingênuo, imaturo, não inteligível e não sofisticado) e da conversão da alma (colonização cosmológica, monologização da linguagem e submissão aos regimes de punição).

Porém, o mesmo corpo que é investido de violência para a sustentação desse regime é também o corpo que vibra as potências da imprevisibilidade e das possibilidades. É o corpo que nega, dissimula, faz a finta, enfeitiça, joga, "finge que vai, mas não vai". É a sabedoria de fresta da síncope, a invocação da palavra que constrói mundos, a encarnação do ser em outras esferas, a ginga que vadia ocupando os espaços vazios e fazendo do pouco muito. É o corpo de Bara e Elegbara, o corpo de transgressão e resiliência. Aquele que faz do seu suporte físico arquivo, arma, amuleto, totem e terreiro. Aquele em que a mente vagueia no cruzo entre sentir/fazer/pensar, se permitindo montar por experiências cosmopolitas, pulsada por saberes fronteiriços. Aquele que reivindica a alma como esfera de alargamento do tempo, princípio de imanência do ser e pertença coletiva assente na ancestralidade.

O corpo, seus domínios e potências, é um dos elementos que codificam a Pedagogia das Encruzilhadas. E, para esse riscado, venho praticando algumas estripulias mobilizado pelas múltiplas possibilidades advindas do corpo, reivindicando a sua presença nos debates acerca dos conhecimentos. O corpo que narra e salvaguarda a memória do grupo por meio de suas inscrições gestuais, que aludem aos modos de vida nos tempos/espaços de origem (Tavares, 2014). O corpo que, para o autor em diálogo, constitui o saber da comunidade e se codifica como *arquivo* e como *arma*, perspectivas que o fortalecem como um saber corporal (idem, p. 82). São as noções evidenciadas acima e encruzadas aos domínios e potências de Bara e Elegbara que me lançam no jogo e me permitem lançar os conceitos de *rolê epistemológico*, *incorporação* e *mandinga*. Noções que compõem o balaio da pedagogia de Exu.

Desculpem-me a indelicadeza, a desobediência e o tom rebelde, mas é que nas bandas de cá o pecado não existe, toda vez que por aqui baixa, é logo rasurado. Assim, caso pareça vulgar ou abusado, finja que não viu, dissimule. A intenção é descadeirar, destronar, rebaixar, nos termos *rabelesianos*[47]. A brincadeira é séria, a provocação é para tirar uns sarros. Então, botemos o pau de Exu para fora. O falo ereto, vigoroso de Exu, motivo de medo, de perseguição, de interdição e associação ao Diabo cristão, aqui é posto para fora como símbolo de vitalidade, de continuidade, de perpetuação. Para os iorubás, a potência de Exu enquanto senhor dos movimentos e de todo e qualquer ato criativo está aí representada. É na dilatação dos vasos sanguíneos, no endurecimento do falo, na concretude da ereção, como também na boca que tudo come, que cospe, que assovia, ritma o hálito e determina a concretude do mundo através da palavra que Exu pratica suas traquinagens e estripulias de inventar a vida enquanto possibilidade.

---

[47] Sobre Rabelais ver Bakthin 2013.

Tudo que a boca come: incorporações e mandingas

A PEDAGOGIA DAS ENCRUZILHADAS É UM PROJETO que emerge da "falta" para operar na "falta". Deixe-me desamarrar o ponto. A pedagogia exusíaca emerge das *ausências*, como expressa o sociólogo Boaventura Santos, sendo os processos de invisibilização/descredibilização/subalternização produzidos pela dominação do ocidente europeu. Os efeitos e operações mobilizados pelas vibrações assentes no signo Exu alinhavam uma série de características comuns em diferentes expressões dos fazeres negro-africanos transladados na diáspora. Podemos pensar esse cruzo de práticas que resguardam as potências assentes no signo Exu a partir da noção de *culturas de síncope*[48].

As *culturas de síncope* são a emergência dos saberes que compartilham o praticar as frestas e pulsam pela potência parida no *entre*, que vagueia em busca de preencher os vazios. Capoeira, jongo, samba, macumbas, entre outras múltiplas expressões, são culturas de síncope, que, mesmo sofrendo esforços para serem enquadradas em determinadas normas, garimpam espaços para eclodir nos vazios deixados. São práticas que suas potências vibram nos tons das imprevisibilidades e das possibilidades. Assim, por

---

[48] Ver Simas e Rufino (2018).

suas características, as considero como práticas radicalizadas no elemento primordial que é o signo Exu.

Essas práticas, além de compreenderem um repertório de habilidades assentadas em um princípio comum, também se destacam por imantarem o corpo, suporte de suas potências, produtor de discursos variados na perspectiva que o vê como *terreiro e mandinga*. Assim, os discursos verbais e não verbais se firmam nos mesmos princípios e poderes de Bara e Elegbara. Afinal, existe uma complementaridade entre gesto e fala na produção das presenças. Porém, há de se destacar que esses discursos projetados via repertórios gestuais ou repercutidos em sons e palavras são estruturantes de uma contranarrativa ao colonialismo.

Pensar as produções discursivas, a partir dos princípios Bara e Elegbara esculhamba a linearidade histórica e a suposta supremacia dos conhecimentos versados pelas tradições do ocidente europeu. As potências de Exu nos movem para outras rotas. Trabalho com uma espécie de síntese desses infinitos discursos pulsados pelos saberes corporais a partir da máxima pastiniana que diz: "tudo que a boca come e tudo que o corpo dá". Assim, nessa máxima, compreendo todos os saberes e possibilidades de enunciação advindas do corpo, sejam essas verbais ou não. Até mesmo aquelas difíceis de serem classificadas em uma dessas categorias, como as negaças e as demais inscrições envoltas à magia. A questão que me mobiliza é o deslocamento para um pensamento outro, sincopado, de fresta, um gnoseologia referenciada por Exu, onde o corpo aparece como elemento fundante e integral no que tange à produção e a perpetuação do saber.

Desde os mitos iorubanos até as ressignificações de Exu nas travessias pelo Atlântico, o corpo cumpre função elementar como via existente, explicativa e possível. Não só uma visão de mundo, mas o próprio conceito de mundo perpassa pelas potências e pela fisicalidade do corpo. Assim, a concepção de que o corpo (individual) é apenas parte de um mundo é rasurada para a inscrição de uma lógica que rompe com o binarismo "todo e parte". O corpo é o registro do ser no mundo, e também do mundo no ser. O que nos permite nos lançar nessa perspectiva são as múltiplas faces de Exu e seus princípios explicativos.

Assim, de Yangí, a pedra de laterita, a protomatéria da existência, ao pião de Òkòtò, aquele que gira como espiral das existências de maneira inacabada. De Enugbarijó, aquele que carrega um pedaço da boca de todos os seres, o princípio da restituição, das transformações radicais, até os efeitos mágicos do poder de Elegbara. De Bara, o suporte físico, a materialidade, até a humanidade demasiada, a contradição e ambivalência do *povo de rua*. Dos caminhos e caminhantes de Onã até o riso e a alegria transgressora de Odara. Em todas as carapuças vestidas sobre o mesmo ser está a se imantar um múltiplo e inacabado inventário de conhecimentos que revelam o corpo, o que ele pode e dá como elemento construtor de uma contranarrativa à modernidade, combatente da miséria[49] e da escassez.

O corpo, pulsado por Exu, radicaliza com a problemática do conhecimento historicamente tutelado pelo regime monológico do mundo ocidental. Exu radicaliza com a questão epistemológica na medida em que lança a noção de que todo conhecimento só se manifesta na medida em que é incorporado. A *incorporação*, historicamente marcada pelas produções de temor, impossibilidade, desvio e subalternização advindas do colonialismo e de sua teologia política cristã, é aqui reinscrita. Na Pedagogia das Encruzilhadas desatam-se os sentidos postos pelas marafundas coloniais para reinscrever a *incorporação* como uma noção que engloba os inúmeros saberes praticados, vibrados nos tons do sentir, fazer e pensar. A noção de *incorporação* aqui defendida, além de praticar um *rolê epistemológico*, fuga para outras zonas, também pratica o *ebó epistemológico*, procedimento que lança as questões do saber nas vias do encantamento e da retomada da espiritualidade.

A espiritualidade retorna ao cerne das questões do conhecimento na medida em que não há desvinculação das instâncias corpo, mente e espírito. Os conhecimentos, praticados a partir de uma outra lógica de ser e

---

[49] A miséria enquanto escassez emerge como um elemento contrário às potências de Odara, o título de Exu que o designa como o senhor da alegria, da festa, e rei da brincadeira. A máxima filosófica atada por Beto Sem Braço, famoso sambista e partideiro, é montada de potência exusíaca nos limites da inscrição de Odara: "O que espanta miséria é festa".

imbricados às tessituras e interações da vida nesses outros modos, revela uma dimensão do humano que se fundamenta em sua integralidade. Dessa forma, há uma série de deslocamentos a serem feitos: o primeiro seria o da noção de razão vinculada estritamente à atividade da mente e do pensamento; num segundo momento, a da noção de corpo rigorosamente vinculada às ordens dos impulsos, instintos, animalidades e à presença e consequente necessidade de vigilância do pecado; e, em terceiro, a da noção de espiritualidade ligada às instâncias do sublime, da santidade, da evolução e do distanciamento e desprendimento dos referenciais corpóreos. Essas três perspectivas apontadas são rasuradas para serem reinscritas sob outro arranjo, referenciado por outras lógicas. Esses outros modos são impossíveis de serem lidos sem que sejam compreendidos na integralidade e interação de suas instâncias.

Dessa forma, a espiritualidade não se opõe ao saber, que, por sua vez, está diretamente imbricado à condição da experiência dos sujeitos no mundo (corpo) e de suas práticas (incorporações). A ideia de um corpo físico alocado em um polo oposto ao das imaterialidades do espírito não se sustenta nas lógicas assentes nos saberes aqui elencados. Talvez esse seja um dos caminhos para problematizarmos os genocídios produzidos contra as populações negras e indígenas no Brasil. A morte do corpo físico acompanha a lógica de expurgar os saberes e as subjetividades produzidas e incorporadas pelos sujeitos que vibram em outro tom e se referenciam por outros modos de racionalidade.

O racismo e o colonialismo se engendram nas dimensões mais profundas das existências, por isso, para uma transformação radical, teremos de apostar em possiblidades não credibilizadas pelo Ocidente. É isso que busca a Pedagogia das Encruzilhadas, a aposta se dá nos poderes que operam nas frestas e nos cruzos. Não é somente uma leitura a contrapelo, é uma perspectiva em encruzilhadas. Aposta-se nas sabedorias operadas em viés, nas gingas, rolês, pontos atados, ebós, encantamentos e incorporações. Escreve-se um texto como se amarra um ponto, improvisa-se um ponto na defesa de conceitos, ginga aqui e acolá, desamarram-se as marafundas daqui com sabedorias cruzadas, senta-se na carteira com o mesmo corpo que cospe marafo na encruzilhada, inventam-se mundos, terreiros, encruzam-se e encantam-se saberes, essa é a Pedagogia das Encruzilhadas! Afinal, é Exu "a boca que tudo come e tudo que o corpo dá".[50]

Elegbara azuela ao pé do ouvido: é no território corporal que serão investidas as ações do racismo/colonialismo, é nos limites do corpo que serão praticados os primeiros golpes — "olhe, um preto!" (Fanon, 2008). Seguindo as trilhas de nosso cumba e capoeira, compreenderemos que, abaixo do esquema corporal, há um esquema histórico racial subjetivamente plantado e tecido não pelo que o suporta, mas pelo outro, o branco. "Eu existia em triplo: ocupava determinado lugar. Ia ao encontro do outro... e o outro, evanescente, hostil mas não opaco, transparente, ausente, desaparecia. A náusea..." (idem, p. 105).

Os desmantelamentos cognitivos, os desarranjos da memória, o ataque à consciência coletiva: o racismo, substância elementar do colonialismo, apresenta formas sofisticadas de operação. O racismo epistemológico é parte integrante das ações discriminatórias projetadas sobre as dimensões melanodérmicas. Nesse sentido, pratiquemos as frestas, invoquemos a espiritualidade vadia que nos arrebata no jogo de corpo para praticarmos o que chamo de *rolê epistemológico* e saltarmos nos vazios deixados. Rasteira, cabeçada e passa-pé são golpes que se dão no tempo certo. Fanon nos ajuda a laçar o touro brabo e amarrá-lo no mourão, ao passo que ginga e, propondo um giro enunciativo, desdobra as questões da linguagem, a elegendo como território a ser pensado. Percebamos que a virada linguística praticada por Fanon pode ser também lida nos termos exusíacos, como "tudo aquilo que o corpo dá". A magnitude da contribuição de Fanon é justamente o que se cruza com uma perspectiva *elegbariana*.

---

[50] Essa expressão encruza a máxima referente aos poderes de Enugbarijó (Boca do Mundo) e a máxima proferida por Mestre Pastinha ao problematizar as instâncias da capoeira angola. Enugbarijó é "a boca que tudo come". Seu Pastinha firma a capoeira como sendo "tudo que a boca come e o corpo dá". Assim, "a boca que tudo come/tudo que a boca come e o corpo dá" faz com que a capoeira seja lida como um princípio de Exu nas instâncias de Enugbarijó e Elegbara.

No mundo colonial, mesmo sendo lançado à força ao enquadramento, mesmo sendo vítima de um desmantelo cognitivo e de uma desordem das memórias, o corpo ainda é capaz de encontrar rotas de fuga. As encruzilhadas me apontam que, mesmo que o indígena[51] aprenda primeiramente a se pôr no seu lugar, aprende também a burlar essa regra. Assim, a ambivalência do mundo colonial forja também sujeitos desobedientes, que fazem suas traquinagens nos vazios deixados ou simplesmente jogam o jogo incorporando outros sentidos.

Ah, as batalhas de corpo, os jogos de valentia e as vadiações do jogo da capoeira nos guardam muitas histórias. Se lança a pergunta: "Mestre[52], o que é Valentão?" O mestre responde: "Valentão é um cara pior do que a gente". "Ora, como assim mestre?" O mestre solta o verbo: "Sim. Porque ele é mais educado, mais gentil. Valentão não gosta de injustiça. Valentão vê a polícia maltratando um, vai lá e bate na polícia, não deixa que as coisas ruins cheguem na comunidade dele. Eu vou te apresentar dois Valentão".

No que tange às dimensões do corpo, a pedagogia montada por Exu busca o seu encante como suporte de memórias e saberes a partir da perspectiva lançada pelo conceito de *incorporação*. A *incorporação* credibiliza os saberes praticados, os saberes em performance, parte do pressuposto de que todo saber, para se manifestar, necessita de um suporte físico. O suporte físico é, por sua vez, parte do saber, não há separação. O suporte físico — corpo humano ou outra materialidade — é incorporado por um efeito, um poder que o "monta".

O moleque que corre, pula, gargalha, tem molas no corpo, "eita, moleque endiabrado". O exímio capoeira que esquiva, floreia, gira, foge e ninguém pega. "Esse aí só pode estar com o catiço". Há um vasto repertório que, se for desalinhavado, nos aponta o tom das mentalidades racistas, monoculturais e hierarquizadoras de saberes. O que é enunciado pela boca do

---

[51] O termo "indígena" aqui é utilizado como expressão que alude ao caráter etnocentrado. Sobre essa discussão, ver Masolo (2010).

[52] O referido mestre é Gerson Quadrado. Essa história me foi passada por mestre Plínio.

monorracionalismo ocidental como impulso, possessão, fetiche e desregra é aqui rasurado e reinscrito na dimensão dos saberes do corpo.

Bara e Elegbara são noções que compreendem domínios e potências que se interligam e fundamentam outras bases explicativas necessárias para um giro epistemológico. Os domínios e potências de Bara e Elegbara são lidos no cruzo com as palavras de Mestre Pastinha. Ao ser questionado sobre o que seria a capoeira, o mestre respondeu: "capoeira é tudo que a boca come e tudo que o corpo dá". A máxima cunhada pelo mestre é seminal, é como se dissesse tudo e ainda assim abrisse caminho para ainda muito se falar. Em outros termos, firmo o ponto, as palavras de Mestre Pastinha, assim como a capoeira, são exusíacas. Ora, não é Exu o dono do corpo, o senhor das potências do corpo e também aquele que bota palavras em nossas bocas?

A relação de Exu com o pensamento de Mestre Pastinha ainda nos apresenta outra interface. O domínio de Exu intitulado como *Enugbarijó*, o *Senhor da boca coletiva* nos diz sobre aspectos que podem ser percebidos na capoeira, mas também em todas as dinâmicas de transformação, reprodução, multiplicação, possibilidade, imprevisibilidade, criação, comunicação, mediação e tradução. A noção de Enugbarijó é também conhecida popularmente como *a boca que tudo come*. Assim, seu Pastinha, ao lançar uma amarração contendo seu pensamento acerca da capoeira, definiu os saberes circundantes ao jogo de corpo cruzando-o aos domínios de Enugbarijó, Bara e Elegbara. Diria que o mais fascinante da máxima cunhada pelo mestre é o seu caráter inacabado, aberto ao imprevisível e a toda e qualquer possibilidade de se apresentar em um outro tom.

Os conceitos de *incorporação* e *mandinga* são encruzados pelos domínios e potências de *Bara*, *Elegbara* e *Enugbarijó*. A partir do referencial Exu, escrever um livro, recitar uma poesia, ler um tratado, falar múltiplas línguas são saberes incorporados tanto quanto o tocar tambor, o sambar no miudinho, a esquiva e o "entrar sem ser percebido e sair sem ser lembrado". Todas essas formas são saberes assentes nos domínios e potências de Exu. A *mandinga*, versada aqui como uma das formas de sapiência do corpo, vincula-se às dimensões da incorporação, porém ressalta aspectos ímpares no que tange às suas produções e manifestações.

As *mandingas* estariam vinculadas aos saberes corporais envoltos a atmosferas mágicas, únicas e intransferíveis. A *mandinga* lida como a sapiência do corpo é aquele tipo de saber que não pode ser traduzido por outra textualidade que não sejam as pertinentes aos limites do próprio corpo. O que proponho, nesta obra, não é a noção de mandinga como concebida e praticada pelos mestres mandingueiros[53], mas sim um cruzo, uma amarração conceitual.

A *mandinga* na Pedagogia das Encruzas se consiste como a sapiência do corpo envolta à atmosfera da magia e aos procedimentos do encantamento. Essa só é possível vislumbrada no rito, na performatividade em consonância com os elementos que compõem a dimensão da magia.

Destrói-se para se construir novamente. Para aqueles que foram relegados ao esquecimento, ao desvio e à não existência, o que cabe é a invenção. A transformação do mundo perpassa pela invenção de novos seres. Nesse sentido, aqueles que gingam buscam no vazio o golpe não necessariamente desejável, mas possível. É necessário soltar a mandinga, mergulhar nesse campo de potências ainda pouco conhecido por nós, seres assombrados que desconhecemos os próprios encantos do corpo. Mestre Canjiquinha, capoeira, mandingueiro e filósofo já enunciaria em uma de suas máximas: "as ideias estão no chão, eu tropeço, encontro soluções".

A mandinga é veneno e remédio, é brinquedo e faca de ponta. Foi através da mandinga, sapiência do corpo envolta ao encante, que se transformou a vadiagem em vadiação. Assim, virou-se de ponta cabeça, reinscreveram-se lógicas, apontou-se para novos caminhos. Ginga o capoeira, o malandro, o vadio... o chapéu de lado, o tamanco arrastando, a navalha no bolso e o lenço no pescoço[54]. O capoeira, o mandingueiro, o corpo arrebatado pelas potências de Elegbara, eis o inventor da vadiação, aquele que seu Canjiquinha definiu como

---

[53] Mestres mandingueiros são como são reconhecidos os mestres da capoeiragem que compreendem as habilidades do que se entende por mandinga.

[54] Menção à canção de Wilson Batista "Lenço no pescoço".

> Almas vibrantes em corpos orgulhosos, mesmo quando mutilados. Andam de cabeça para baixo. Põem a cabeça no chão, emparafusam-se nas coisas (conhecendo-as por dentro) e no giro, vão dando ideias subterrâneas que servem de guias para a gente se transformar e encarar o mundo. (1989, p. 6).

Ah, a mandinga. Existem muitas histórias sobre as magias do corpo...

> Meu filho, vou te levar para conhecer uma senhora, ela reza na folha e depois olha pra folha e diz o que é. Rapaz, essa mulher é tão santa que, às vezes, eu estou com uma dor de cabeça, eu passo, ela tá na porta, eu falo com ela: oi, dona Santa! Pronto, a dor de cabeça passou![55]

Ah, camaradinhas, o mundo tem seus mistérios! Mandinga é mumunha de "nego véio", é buraco de cobra, é nó em corda seca, é Besouro Preto que avoa. Mandinga é Exu que carrega azeite em uma peneira e não perde sequer uma gota. É necessário adentrar as gramáticas do encante, praticar os cruzos, permitir o arrepio do corpo e a incorporação de outros saberes.

Em outra história, o mestre narra:

> Rapaz, mestre Gerson Quadrado era tão mandingueiro que, quando ele conheceu mestre Ananias — eu tive o prazer de levar ele na casa dele —, o mestre Ananias perguntou: "Qual é o seu orixá?" Ele respondeu: "Não mexo com isso não." No final, mestre Ananias trocou a língua com ele: "Olorun... não sei lá o quê...", ele respondeu e o Ananias disse: "Mas você não disse que não era?!" E mestre Gerson: "Eu não posso te dar tudo de vez, Ananias."[56]

Como cantaria o verso, "valha meu Deus, senhor São Bento, buraco velho tem cobra dentro". As mandingas são os saberes que navegam no invisível e vira e mexe baixam em nós. O cabra mandingueiro é aquele que

---

[55] Fala de Mestre Gerson Quadrado. História narrada por Mestre Plínio.
[56] Mestre Plínio.

incorpora o saber que se manifesta e se dilui em questão de segundos. Quem viu, viu! Quem sabe, sabe. Quem está dentro não sai e quem está fora não entra. Ouvi histórias sobre seu Antônio Venâncio, caboclo mandingueiro que curava bicho no rastro, mas que botava quebranto em recém-nascido. Como já disse, é remédio e veneno, mandinga é troço ambivalente. Meu pai me contou: "Eu vi o velho Antônio Venâncio matar uma rês no olhar, como vi também amansar bicho brabo com uma língua que só ele falava. O velho foi picado de cobra venenosa e nada lhe aconteceu".[57]

Existe uma multiplicidade de mandingas: são técnicas, magias, saberes fronteiriços, encantes que vigoram, protegem e potencializam o corpo. Algumas se inscrevem nas instâncias da cura revelando um amplo repertório terapêutico, formas que tratam e realinham o ser com as condições de sua existência. Outras formas se revelam dinamizando outras instâncias da vida. Assim, existem as mandingas de sorte, que são lançadas no curso dos jogos. A sorte de um se inscreve nas circunstâncias do azar do outro. Não há sorte plena, como também não há azar pleno, a lógica dessa dinâmica se inscreve na ordem do jogo. Por isso, os mais sábios já exaltariam a máxima: "devagar também é pressa".

São muitas as histórias que falam de *mandingas*, as sapiências do corpo. Uma é o ocorrida entre mestre Martinho da Pemba e um sujeito chamado Dimola, na feira de São Joaquim, em Salvador, onde seu Martinho trabalhou até falecer.

> Seu Martinho diz: Vocês conhecem o Dimola? Rapaz, aquele menino é bom! Ele veio aqui, pegou uma cana minha (a cana custava 50 centavos, era produzida em uma roça na região de Mapele). Eu disse "me devolve que a cana tem dono!" Ele disse dacolá: "Que isso, coroa, vou levar essa cana!" Eu tornei a dizer: "Você não vai levar não!" Peguei o facão e joguei no pescoço dele! Rapaz, não é que ele "deitiou" todo?! Quando ele se "deitiou", eu piniquei e ele rolou. Aí eu disse: "Pode levar a cana!" Ele, de lá, respondeu: "Eu não quero mais não! Não quero mais essa cana não!" Eu tornei a dizer: "Leve,

---

[57] Essa história aconteceu nos idos dos anos 1960 no interior do Ceará.

eu gostei! Isso eu conheço muito! Leve a cana, porque foi a primeira vez que eu puxei o zinco para não ver pingar!"[58]

As mandingas se expressam não somente nas curas dos corpos, mas também nos seus sacrifícios. Afinal, cura e sacrifício são termos que, nessas lógicas, só fazem sentido se inscritos e lidos de forma cruzada. Assim, há um repertório infinito de mandingas que se manifestam nos jogos de valentia e nas pelejas de amarração de versos. Saberes corporais atados via escritas múltiplas envoltas na atmosfera do encante. Nos campos de batalha, que são também campos de mandinga, o corpo que toca o chão tombado pelo golpe se inscreve como o sacrifício que encanta o rito.

Mandinga, o conhecimento do invisível, a malícia, esperteza, malandragem, o que fez Besouro voar, mágica, ginga particular, manhas, truques, a *sapiência do corpo*. Seu Pastinha, seu Martinho da Pemba, Madame Satã, Mano Elói Antero Dias, dona Santa, seu Martiniano Eliseu do Bonfim, dona Neuzinha, seu Antônio Venâncio, mestre Gerson Quadrado, Padre Cícero, me perdoem, a lista é infinita. Dessa forma, retomo as inúmeras respostas que tive ao lançar, em contextos de práticas como a capoeira, o jongo, as macumbas, entre outras muitas manifestações, a pergunta: Como se aprende? As respostas: "Aprendi no pé de fulana". "Aprendi na barra da saia". "Aprendi de ouvir". "Aprendi fazendo". "Aprendi na marra". "Aprendi de esperar". "Aprendi de teimoso". "Aprendi na barriga de minha mãe". "Aprendi de ver os mais velhos fazendo". Todas essas respostas nos dão o tom da complexidade dos saberes e dos horizontes pluriepistêmicos que compõem as diferentes formas de vida e de educação.

Existem muitas outras formas possíveis. A rotina do colonialismo tem sido a de executar milhões de corpos, construir igrejas, catequisar, velar e buscar uma salvação. Porém, aqueles milhões de corpos assassinados, torturados, sequestrados, estuprados, mulheres, crianças e jovens compõem um complexo de sabedorias que subsidiam as práticas que disferem golpes na maquinaria colonial. Se para cada centena de mortos pelo colonialismo

---

[58] História contada por Mestre Plínio.

se constrói uma igreja, na perspectiva das encruzilhadas, cada corpo é um totem que imanta e reverbera potências que significam a vida.

Assim, é nesses termos que, vira e mexe, baixam por aqui praticantes de outros tempos, uns se encantaram em cipós, olhos d'água, pedras de rio, gameleiras e sabiás. Outros se imbricam aos ditos "viventes" e deixam seus recados. Os que me inspiram nessas travessias se fixaram nas esquinas, nos goles de cerveja lançados ao chão, nas nuvens de fumaça, nos requebrados, batidas de mão no couro e no sacrifício da vida regado a dendê. A leitura de mundo assente na cosmogonia iorubá nos diz: só existe morte pelo esquecimento. Nessa perspectiva, só morre aquilo que não é lembrado. Cuspido feito travessura da boca do Mestre das ruas, em uma conversa, ele manda: "Meu filho, eu estou aqui falando com você, agora me diga eu tô vivo ou tô morto?!"[59] (Gargalha...)

Firmo o ponto novamente, a racionalidade moderna ocidental é decapitada e assombrada pela má sorte de ter o corpo (Bara) deslocado da cabeça (Ori). As questões acerca dos saberes (epistemologias) perpassam necessariamente por um reconhecimento e credibilização do corpo, na medida em que todo saber se manifesta quando praticado, ou seja, incorporado. Se as questões acerca do saber estão diretamente vinculadas às dimensões das práticas, *incorporações*, e dos agentes que as praticam, as incorporam, as questões epistemológicas se inscrevem também como uma problemática étnico-racial.

A perspectiva da pedagogia encarnada por Exu aponta e credibiliza outras travessias no campo do saber. Assim, segundo os conhecimentos versados nos terreiros, Bara é o elemento individual corporificado que, junto ao Ori, individualiza o ser. Bara, o corpo, e Ori, a cabeça, que, integrados, marcam as individualidades e os caminhos que cada um de nós carregamos. Elegbara é o domínio de Exu que o titula como o senhor do poder mágico. A este domínio estão creditados o dinamismo e o pulsar das energias que constituem, conectam e perpassam as existências como

---

[59] Esse questionamento me foi lançado em um diálogo com a entidade espiritual seu Tranca Rua das Almas.

um todo. É nos domínios de Elegbara que se assentam os princípios e potências de todo e qualquer movimento e ação criativa. É Elegbara que funde o princípio dinâmico das existências, além de se firmar nos termos de produtor de toda e qualquer possiblidade e imprevisibilidade.

Elegbara é aquele andarilho que vagueia mundos, bate o ogó no vazio e já está do outro lado, montado em formigas, viaja nos redemoinhos, canta de tardinha e de manhã canta novamente. Elegbara é pinto e galo ao mesmo tempo, é ele que emprenha as moças virgens, desnuda certezas. O brincalhão escreve o ontem no hoje, fuma o cigarro ao avesso sem se queimar, de sua flauta, sopra o espiral do tempo que nos faz acontecer. Elegbara nos encarna, é o moleque travesso que numa hora quer de comer e um minuto depois já não quer mais. É o dengo e o choro, o gozo e a birra. O garoto querido de Olodumare, o filho que Orunmilá pediu para mimar. Elegbara vagueia mundos, tropeça e encontra soluções, veste a carapuça que quiser e carrega a cabeça do rei em seu bornal. Nas palavras assentadas na esteira do saber popular dos terreiros, Elegbara "é a força de Exu, o movimento como um todo". É um pouco de cada um de nós.

Corpo Encruzilhada: das humilhações ao enfrentamento mandingueiro

O CORPO É UM CAMPO DE POSSIBILIDADES. Para nós, moldados nos ditames da política colonial, ainda há muito que descobrir sobre as potências desse suporte que assenta o poder de Elegbara. O moleque que não se aquieta na carteira escolar talvez saiba mais sobre isso do que nós. Já que, com o passar do tempo, inchamos nossas cabeças ao ponto de esquecermos o nosso corpo. As sabedorias inscritas nas gramáticas das macumbas já nos diriam que é o movimento que cura. Porém, somos resultado de um mundo contrário à mobilidade. Ginga demais, para aqueles obcecados pela "segurança" dos caminhos retos, é um sinal de má conduta.

Porém, somos vadios, a vadiação nos reconstrói, nos faz reerguer, nos permite ir. Novos seres, corpos indomáveis, rebeldes, inconformados com a escassez, corpos de saber e de invenção da vida via lógica do sacrifício. O corpo-arma, arquivo, totem, terreiro é também o enigma que escapa à compreensão daqueles assombrados que carregam em suas costas a interminável conta de almas injustiçadas ao longo de mais de cinco séculos.

Assim, o corpo rasura as determinações impostas pelo substantivo racial para se inscrever como o suporte que resguarda saberes e possibilidades intermináveis. Nas bandas de cá do Atlântico, os corpos inventores da vida enquanto possibilidades são corpos cruzados e imantados como amuletos que reivindicam e assentam a memória e o axé ancestral. Nessa perspectiva, transgridem-se os limites impostos pela dicotomia colonial: o corpo não é nem sagrado, nem profano, o corpo é uno, é um SIM vibrando no mundo, é um otá, que assenta as forças cósmicas que impulsionam a vida e a experiência em todas as suas dimensões. Os versos de nossos negros véios já cantariam que, por aqui, o bem convive com o mal, vida e morte se traçam e os campos de batalha são também campos de mandinga. Nessa perspectiva, lançamo-nos ao jogo com nossos corpos marcados pelo poder da encruzilhada, afinal, é na encruza que cisca o vivo que imanta o ciclo.

O Novo Mundo é uma encruzilhada, o ser/pensar nas dobras não é mera opção, é resultado do cruzo constante de inúmeros acontecimentos incontroláveis. Esses, por sua vez, são impossíveis de serem apreendidos, por mais forte que seja o investimento para a instauração de um determinado regime de poder, esses acontecimentos o escapam. Exu atravessa o Atlântico, se reinventa, se multiplica, faz valer a máxima daquele que é o caos fundamental para a construção de toda e qualquer ordem, ele é o avesso do avesso. A vocês, caras leitoras e leitores, eu vos digo: por mais cismado que seja com as artimanhas do encante, haverá de acreditar que Exu está no mundo, montado nas asas do vento, morando no vazio e praticando as suas estripulias. Caso a tua "razão" seja reivindicada para atestar o contrário, teu corpo te denunciará. O compadre está encarnado em cada um de nós.

Assim, a partir de uma perspectiva em encruzilhadas, o corpo do colonizado rompe com o túmulo que lhe foi destinado. Haverei de ressaltar que é o colonizador que faz o colonizado[60], é a lógica de dominação que investe no esvaziamento do ser, o inventa como uma inessencialidade, o transforma em coisa e o lança em um eterno devir. É nesse sentido que a

---

[60] Césaire (2008).

problemática da identidade está sempre no calço do negro, do indígena. "Étnico", na gramática ocidental, é o termo que diz sobre tudo aquilo que corre fora dos limites do branco. Para aqueles subordinados à lógica de negação sistemática do *outro*, resta a pergunta: Quem eu sou?

A lógica de negação sistemática do *outro* é um processo de violência multifacetado. O preto velho Fanon nos apresentou de maneira seminal a complexidade das formas de violência praticadas sob esse regime, ao ponto da expressão "violência colonial" se manifestar como algo redundante, uma vez que o colonialismo é, em sua radicalidade, um constructo/espectro de violência. Nesse contínuo de terror acumulam-se decapitações, incêndios, mutilações, torturas, banzo, o aniquilamento do ser via depressão, o desvio existencial. Mirando o tempo, vem aos meus sentidos as palavras do filósofo camaronês Achile Mbembe, que reforça a crítica a esse sistema ressaltando que, se em último caso for necessária a retirada da última gota de vida, o sistema colonial o fará de forma que o corpo do colonizado esteja o mais próximo possível da lama[61]. Assim, a partir dessas considerações, um termo se torna chave para o entendimento da experiência vivida pelo colono e refratada no colonizador, esse termo é a humilhação.

A humilhação é uma das marafundas que atam a experiência vivida pelo colonizado. O corpo do mesmo, enlaçado a esse sopro de desencanto, é um corpo golpeado, traumatizado, um registro histórico das operações dessa lógica de dominação que não se compreende sem a possibilidade de torturar, de violar e de matar. As algemas, a nudez, o trabalho forçado, o tapa na cara, a tensão muscular, o cárcere, a deportação, a condenação à morte. A desonra, a indignidade, a exposição, a não cicatrização das feridas. A humilhação é como uma amarração de violências lançadas ao colonizado. Essa marafunda parida do caráter elementar do colonialismo (violência) transforma os seres em algo desfigurado, dejeto, refugo e resíduo

---

[61] Ver, por exemplo, o relato do assassino do líder nacionalista camaronês Ruben Um Nyobè e da profanação do seu cadáver, em: MBEMBE, Achille. *La Naissance du maquis dans le Sud-Cameroun* (1920-1960). Histories de usages de la raison em colonie. Karthala, Paris, 1986, pp.13-7.

humano que servirá de uso para a manutenção do poder.

A lógica empregada pelo colonialismo, por mais linear que pareça ser, é substanciada por uma potência ambivalente. Esse caráter mais sutil faz com que se amarre como um enigma, daí o sentido de ser uma marafunda. O colonialismo, na mesma medida em que humilha — e nesse caso trato a humilhação como uma amarração de violências que transformam o ser em dejeto, refugo e resíduo —, se apropria dessa lógica de destruição para transformar essas sobras em algo novo, algo forjado e comprimido em suas pretensões civilizatórias.

Assim, se tortura, se traumatiza, se mutila, se encarcera, se mata e humilha para dar exemplo, para inserir esse ser, que é agora somente sobras, em um determinado modo de educação que o remonte como um símbolo de domínio próprio da metrópole. Dessa forma, o constructo colonial também incide gerando uma normatividade sacrificial. Essa lógica pode ser entendida por aquilo que Fanon (1968) chamou de princípio de exclusão recíproca. Nesse sentido, fere-se para tratar. O corpo é humilhado para se transformar em um depositário de múltiplas formas de violência. O mesmo corpo passa a ser ajustado, vestido e inserido em um determinado padrão de ser. A partir desse padrão, opera-se a lógica, mata-se para civilizar.

Nessa perspectiva, digo que a violência colonial também se inscreve em uma dinâmica encruzada, posto que é um ponto de encontro entre violências múltiplas reiteradas, cumulativas, vividas tanto no plano mental quanto no âmbito dos músculos e do sangue. Como uma ação de esquiva e revide a essas formas de violência, emergem as invenções nas frestas, experiências de transgressão e resiliência ao colonialismo. São respostas responsáveis, ações de descolonização que confrontam as violências sofridas. Em outras palavras, são performances mentais, musculares e sanguíneas, inúmeras experiências e pertenças que, em cruzo, alinhavam escritas múltiplas que têm o corpo como principal núcleo de suas potências. Esses movimentos são saberes praticados que reverberam as poéticas, políticas e gramáticas fronteiriças imantadas no assentamento da afrodiáspora.

Capoeira, jongo, candomblé, umbanda e tantas outras sabedorias da afrodiáspora, para além das práticas de saber que são, inscrevem-se também como formas de *enfrentamento mandingueiro*. Essas ações são orientadas por outras formas de inteligibilidade que caçam as brechas, exploram os vazios deixados em meio aos jogos pelos regimes que lhe submetem a condições subalternas. Assim, o enfrentamento mandingueiro se dá no tempo certo, quando se vê, já foi.

Fanon já nos chamaria a atenção para a defesa de que a colônia é o produto de uma contínua conquista militar, reforçada por uma administração civil e policial. Mbembe (2015), em outras palavras, irá nos dizer que a força principal da técnica de domínio colonial é originariamente a guerra, forma maior da luta até a morte. Em uma perspectiva em encruzilhadas, eu reivindico o saber de fresta dos capoeiras, que nos ensinam que os campos de batalha são também campos de mandinga[62]. Ou seja, o enfrentamento, a esquiva e o revide operam no cruzo entre as dimensões material e imaterial, é nessa encruzilhada que as lógicas de poder são transgredidas e rasuradas. Assim, ambas as dimensões estão imbricadas, comem na mesma gamela, o caráter tático do *enfrentamento mandingueiro* parte da premissa de que, onde se alimenta o invisível, há de se nutrir o visível.

O saber contido na poética da malandragem, na gramática dos escritores das ruas e mestres da ginga versaria a máxima "malandro que é malandro não bate de frente". O bater de frente, nesse caso, além de reconhecer o poder do outro com quem se joga, o qual deve ser transgredido e rasurado, contraria o sentido da busca pelas brechas. Como ouvi da boca de um encantado, "malandro dá volta"[63]. Porém, isso não quer dizer que não entre uma rasteira, uma cabeçada ou até mesmo uma navalhada no pescoço. A sapiência do *enfrentamento mandingueiro* é dar no momento certo, é se apropriar de todos os elementos possíveis que escapam do repertório de poder do colonizador para lançar mão das cartas na manga.

Capoeira é mato rasteiro, é mandinga de escravo em ânsia por liberdade,

---

[62] Ver Simas e Rufino (2018).
[63] Essa máxima me foi proferida por seu Zé Pilintra.

é "picuía de caboclo". Jongo é poesia enfeitiçada, é dobra na linguagem, é festa escondida no manto de São Benedito, é cura do corpo, é a invocação e o encarne do invisível. Umbanda e omolocô são canjira do povo de Aruanda, é cruzo, é balaio de saberes carregados na ponta da língua e na força da pemba, é Cambinda amansando touro brabo e Tupinambá trazendo a coral na cinta. É riscado da rua, cera quente e nuvem de marafo na encruza. Candomblé é o alargamento do tempo/espaço, a continuidade da vida, o giro em torno da grande roda, o avivar do mito e o cortejo do encanto sob a proteção do pano branco.

Todas essas práticas de saber — essas e muitas outras — são marcas das invenções da vida enquanto possibilidade. São formas de *enfrentamento mandingueiro*, são expressões de como o corpo, de *Bara* e *Elegbara*, é elemento primeiro e imantador dos efeitos da *incorporação* e da *mandinga*. O corpo, o primeiro alvo de ataques do colonialismo, é também a mola propulsora das ações de remontagem e transgressão. O corpo de *Yangí*, a primeira estrela criada. O corpo de *Òkòtò*, a espiral do tempo. O corpo de *Enugbarijó*, a boca que tudo come e restitui de maneira transformada. O corpo de *Obá Oritá Metá*, a ambivalência e dúvida. O corpo do *Povo de Rua*, da ginga e do viés da malandragem, dos sorrisos, gargalhadas *padilhadas* e do correr gira. O corpo da filosofia ancestral de seu Pastinha, seu Canjiquinha, seu Martinho da Pemba, de mestres e brincantes mandingueiros. O corpo das palavras encantadas, dos improvisos, do ir sem sair do lugar de Mano Elói, seu Aniceto e muitos outros, encantadores de planta, bicho e gente. O corpo-totem, morada de orixá, de encantado e cruzo de catiço. O corpo de cura de dona Neuzinha, dona Coló e dona Beth Cheirosinha.

Ah, meus camaradinhas, todas essas possibilidades, tudo que o corpo pode e dá, aquilo que a empresa colonial não viu baixar ou, se viu, não compreendeu. Aquilo que foi interrogado por Spinoza, Nietzsche, Deleuze, Walter Benjamin e Viveiros de Castro emerge inscrito em outras gramáticas, cuspindo respostas responsáveis paridas do corpo e das suas múltiplas potências. Tudo aquilo que foi ignorado e interditado pela lógica colonial é também imantado, enigmatizado e mobilizado pelo axé de Exu. A Pedagogia das Encruzilhadas se faz assim: invoca, incorpora e encanta.

Este ebó-obra-aqui arriada é, em suma, um ato de responsabilidade com a vida em sua diversidade. O verso aqui sustentado está para além do fetichismo conceitual tão empregado nos termos da decolonialidade. É um ato de estripulia, gargalhada, sopro e pernada que alude à dimensão resiliente e transgressora que é a luta contra o colonialismo. Uma luta em verso/ginga assente nas sapiências da poética do encante.

Ah, meus camaradinhas, oferto as minhas palavras ao tempo, palavras sacrificadas para encarnarem o texto escrito e mobilizarem um amarrado de pensamentos arriados nas dobras do dia, um balaio com efeito de um ebó cívico/epistemológico. O que são as palavras senão parte de nossos corpos, os corpos de Bara e as potências de Elegbara. O preto velho que me sopra o ouvido já dizia "meu filho, palavra não se volta atrás". Palavra é corpo e por onde o corpo passa não há como fazer o caminho de volta, o que resta é somente um novo curso. Não se banha duas vezes da mesma maneira na beirada do Paraíba.[64] As palavras são invocação da presença, os jongueiros já sabiam que os habitantes do invisível as encarnam. Palavras chamam longe os moradores do invisível para incorporarem em bananeiras, bichos e se cruzarem aos seus no compasso do transe.

Para a ciência moderna Ocidental, as palavras são indispensáveis ao exercício explicativo, por isso devem ser exploradas ao máximo para o alcance daquilo que convencionamos enquanto crítica e compreensão. Para os saberes que se riscam de forma encruzada, para as epistemologias codificadas na encruza ou para uma ciência encantada, as palavras vão além: são detentoras de axé, são construtoras de mundo, invocam e fazem baixar moradores do invisível, desobsediam a má sorte e abrem caminhos. As palavras podem dizer mais quando não são ditas, falam mais ainda quando são dobradas, enigmatizadas como poemas enfeitiçados. Daí surge o ponto, o verso, o gungunado, o sopro, a letra atirada como flecha. O tom dessas palavras, perspectivadas por uma lógica em encruzilhadas/

---

[64] Encruzo a máxima filosófica de Heráclito ao ponto (máxima) de jongo da comunidade de Pinheiral, no Sul Fluminense: "Se a água do rio tá funda, eu vou tomar banho na beiradinha."

encante, é o tom corporal. Palavra é corpo, tudo se assenta nos princípio e potências de Bara e Elegbara.

Entremos mais para o oco do rio, no lugar onde as águas já começam a ficar mais fundas. Falarei daqueles que têm "boca e sabem falar", daqueles que encarnam ancestrais divinizados, daqueles que, na performance, se imbricam aos corpos devidamente preparados para a relação com eles. Os corpos daqueles que nascem pai e filhos ao mesmo tempo. Falemos do tambor. Ah, tambor, "vai buscar quem mora longe, vai buscar quem mora longe..."[65] Eu diria, meus camaradinhas, o que são os tambores senão corpo de planta e de bichos devidamente sacrificados e lançados ao encante para que renasçam como um outro ser?

Eis a importância do tambor em nossas culturas de fresta, aquele que é o corpo multitemporal e plurilinguista. O tambor é aquele que tem a idade do tempo, que cospe as possibilidades em sopros de fé e festa. O tambor é o corpo ancestral, comunitário, brincante e divino, a tecnologia que resguarda memórias e dizeres infinitos. O tambor é arma, arquivo, totem e terreiro. O papai velho, como chamado pelos cumbas (poetas feiticeiros), é a única divindade que incorpora e é incorporada ao mesmo tempo. Observem os tocadores, observem o transe dos mestres pais e filhos do tambor. O encanto se inscreve à medida que se incorpora no tambor e se é incorporado pelo mesmo, dois corpos que se fundem para uma terceira presença, aquela que é "+1". O tambor é o presente ofertado por Aluvaiá[66], que cura a tristeza de Zambiapungo[67]. Corpo de planta e de bicho imbricados, aquecido no calor do fogo de Zazi[68] e performatizado pela destreza de Aluvaiá, aquele que é o primeiro xicarangoma[69].

O tambor é corpo, o corpo é tambor. Os seres desviados ontologicamente

---

[65] Ponto de jongo e de batuque.
[66] Divindade dos congo-angola que se assemelharia a Exu.
[67] Ser Supremo no complexo congo-angola.
[68] Divindade dos congo-angola que se assemelharia a Xangô, o senhor do fogo e dos trovões.
[69] Xicarongoma é o título sacerdotal dos pais e filhos do tambor nos candomblés angola.

pelo advento colonial, pelo emprego da raça como substantivo elementar da modernidade, invocaram e encanaram, através do tambor, outras presenças. O tambor versa uma gramática própria, o que conhecemos aqui como discurso pós-colonial. Os batás, n'gomas, runs e tamboretes já enunciavam, em tom de arrebate, congo de ouro e samba de caboclo. Planta, bicho e gente, que, em cruzo, se tornam divindades, têm boca, comem e sabem falar. Assim, meus camaradinhas, ato o ponto: o primeiro tambor cruzado no Atlântico foi o corpo negro.

O corpo é o primeiro tambor, como também é o primeiro terreiro. É a partir da sua fisicalidade e de suas potências que se inventam caminhos enquanto possibilidades. O terreiro é o tempo/espaço praticado. Para aqueles desterritorializados, o que existe é o devir. A reivindicação existencial corre nas barras de um tornar-se, porém, olhamos para outrora e nos é apresentado um vazio. Assim, a experiência negro-africana é uma experiência caótica, nos termos exusíacos. Um desmantelo que lança seus fragmentos na espiral do tempo, esses cacos se multiplicam, se levantam e se colocam a caminhar em transe navegando pelo caracol que liga um mesmo ponto ao infinito.

Exu foi o primeiro corpo criado, materializou-se a partir do movimento, sopro primordial de Olodumare. A condensação da terra gerada pelo caos pariu Exu enquanto Yangí, a pedra de laterita, a pedra primordial da existência. Em nossos terreiros, versa-se a seguinte máxima: "*kosi okutá, kosi orixá. Kosi Exu, Kosi orixá*" (Sem pedra, sem orixá. Sem Exu, sem orixá). Assim, a terra, um dos elementos principais a serem cultuados, compreende-se como a desagregação particulada e codificadora do microcosmo iorubá. Os seres e a terra são constituídos pelo mesmo movimento, pelo mesmo princípio. É nesse sentido que ato o ponto: o corpo é o primeiro terreiro, assim como a terra é o primeiro corpo.

Ifá nos ensina que Exu foi gerado da matéria primordial e divina, e, em seguida, ele fez todos os orixás. Essa mesma matéria é a que daria forma a todas as existências, as divinas, a humanidade e todos os demais seres criados. Um dia Iku (a morte) devolverá todas as criações a essa matéria fundante, a terra, a lama primordial. A nossa passagem é sacrifício, é o vivo que imanta o ciclo, a partir daí nos lançaremos no inacabado xirê das existências, cultuaremos o não esquecimento de todo movimento que é sagrado.

Os meus movimentos, palavras, escrita e autoria são os lugares que cruzo no mundo. O meu corpo, suporte e potências, marca das ações do tempo, dos ciclos espiralados, dos alvos acertados hoje com as pedras atiradas ontem. O meu corpo — e o de cada um que aqui me cede de maneira responsável o diálogo — contém os investimentos da agência colonial, como também representa o contra-ataque, o início, a marca, a pulsão e a continuidade da luta contra esse sistema.

REFERÊNCIAS BIBLIOGRÁFICAS

ABIMBOLA, Wande. *Ifa Divination Poetry*. Indiana University Bloomington, 1973.

_____. *Ìwàpèlè: O conceito de bom caráter no corpo literário de Ifá*. Tradução: Rodrigo Ifáyode Sinoti. Departamento de Línguas e Literaturas Africanas, Universidade de Ilê Ifé, Nigéria, 1975.

ANDREWS, George. *América Afro-Latina, 1800-2000*. Tradução: Magda Lopes. São Carlos: EdUFSCAR, 2007.

BHABHA, Homi. *Local da Cultura*. Belo Horizonte: Editora UFMG, 1998.

_____. *O bazar global e o clube dos cavalheiros ingleses: textos seletos de Homi Bhabha*. Organização: Eduardo F. Coutinho; introdução: Rita T. Shimidt; tradução Teresa Dias Carneiro. Rio de Janeiro: Rocco, 2011.

BAKHTIN, Mikhail. *A cultura popular na Idade Média e no Renascimento: o contexto de François Rabelais*. São Paulo: Hucitec, 2013.

_____. *Para uma filosofia do ato*. São Paulo: Pedro e João Editores, 2010.

BASCOM, William. *Ifa divination: communication between gods and men in West Africa*. Bloomington: Indiana University, 1991.

BENISTE, José. *Mitos yourubás: o outro lado do conhecimento*. 5ª ed. Rio de Janeiro: Bertand Brasil, 2012.

_____. *Òrun- Àiyé: o encontro de dois mundos: o sistema de relacionamento nagô-yorubá entre o céu e a terra*. 6 ed. Rio de Janeiro: Bertrand Brasil, 2008.

BENJAMIN, Walter. *Magia e técnica, arte e política — ensaios sobre literatura e história da cultura*. São Paulo: Brasiliense, 1994, 2012.

CANJIQUINHA. *Alegria da Capoeira*. Salvador: Editora a Rasteira, 1989.

CARNEIRO, Aparecida Sueli. A Construção do outro como não-ser fundamento do ser. Tese de doutorado. Programa de Pós-graduação em Educação da Universidade de São Paulo. São Paulo, 2005.

CASTRO-GÓMEZ. Ciências-sociais, violência epistêmica e o problema da invenção do outro. In: LANDER, Edgardo. A colonialidade do saber: eurocentrismo e ciências sociais. 1ª ed. Buenos Aires: Consejo Latinoamericano de Ciencias Sociales — CLACSO, 2005.

CERTEAU, Michel de. A invenção do cotidiano: Artes de fazer; 16. ed. Petrópolis, RJ: Vozes, 2009.

CÉSAIRE, Aimé. Discurso sobre o colonialismo. Tradução, Anísio Garcez Homem. Letras Contemporâneas. 2010.

DELEUZE, Gilles; GUATTARI, Felix. O que é a filosofia? Tradução de Bento Prado Jr. E Alberto Alonso Muñoz. Rio de Janeiro: 34, 1992.

DU BOIS, W.E.B. As almas da Gente Negra; tradução, introdução e notas, Heloísa Toller Gomes. Rio de Janeiro: Lacerda ED., 1999.

DUSSEL, Henrique. Meditações anticartesianas sobre a origem do antidiscurso filosófico da modernidade. In: SANTOS, Boaventura de Souza e MENEZES, Maria Paula, Epistemologias do Sul. São Paulo: Cortez, 2010, pp.341-396.

_____. Europa, modernidade e eurocentrismo. In: LANDER, Edgardo. A colonialidade do saber: eurocentrismo e ciências sociais. 1ª ed. Buenos Aires: Consejo Latinoamericano de Ciencias Sociales — CLACSO, 2005, pp. 55-70.

ELBEIN DOS SANTOS, Juana. Os Nàgô e a morte: Pàde, Àsèsè e o culto Égun na Bahia; traduzido pela Universidade Federal da Bahia. 13. Petrópolis, Vozes, 2008.

FANON, Frantz. Pele negra, máscaras brancas. Tradução de Renato da Silveira. Salvador: EDUFBA, 2008.

_____. Os Condenados da Terra. Rio de Janeiro: Editora Civilização Brasileira S.A, 1968.

FERNANDEZ, Florestan. O negro no mundo dos brancos. Apresentação de Lilia Mortiz Schwaecz. 2º ed. Revista. São Paulo: Global, 2007.

FREIRE, Paulo. Pedagogia do Oprimido. 17º ed. Rio de Janeiro: Paz e Terra, 1987.

_____. Pedagogia da Esperança: um reencontro com a pedagogia do oprimido. 21ª ed. São Paulo: Paz e Terra, 2014.

GILROY, Paul. *O Atlântico Negro: modernidade e dupla consciência*. São Paulo. 2ª ed. Rio de Janeiro: Universidade Candido Mendes, Centro de Estudos Afro-Asiáticos, 2008.

GLISSANT, Édouard. 1995. *Introduction à une poétique du divers*. Montréal: Presses de l' Université de Montréal.

GROSFOGUEL, Ramón. *Para descolonizar os estudos de economia política e os estudos pós-coloniais: transmodernidade, pensamento de fronteira e colonialidade global*. In: SANTOS, Boaventura de Souza e MENEZES, Maria Paula, Epistemologias do Sul. São Paulo: Cortez, 2010, pp. 455-491. 2010.

HALL, Stuart. *Da Diáspora: Identidades e mediações culturais*. Liv Sovik (org.). Belo Horizonte: UFMG, 2003.

HEGEL, Friedrich. *A Razão na história: uma introdução geral à filosofia da história*. Tradução de Beatriz Sidou. 2. ed. São Paulo: Centauro, 2001.

HERNÁDEZ, Tanya Katerí. *La subordinación racial em Latinoamérica: el papel del Estado, el derecho consuetudinário y la nueva respuesta de los derechos civiles*. Bogotá: Siglo del Hombre Editores. Universidad de los Andes, Pontificia Universidad Javeriana, Instituto Pensar, 2013.

MARTINS, Leda Maria. *Afrografias da memória: O Reinado do Rosário no Jatobá*. São Paulo: Perspectiva; Belo Horizonte: Mazza Edições, 1997

MAUPOIL, Bernard. *La géomancie à l'ancienne Côte dês Esclaves*. Paris: Institut d'Ethnolie, 1988.

MASOLO, Dimas. A. *Filosofia e conhecimento indígena uma perspectiva africana*. In: SANTOS, Boaventura de Souza e MENEZES, Maria Paula, Epistemologias do Sul. São Paulo: Cortez, 2010, pp. 313-337.

MBEMBE, Achile. *Crítica da Razão Negra*. Tradução Marta Lança. 1° edição, Antígona Portugal. 2014.

_____. *Necropolitics*. Public Culture 15 (1): 11-40 Copyright by Duke University Press. 2003.

MEMMI, Albert. *Retrato do colonizado precedido de retrato do colonizador*. Rio de Janeiro: Civilização Brasileira, 2007.

MIGNOLO, Walter D. *Desobediência Epistêmica: A opção descolonial e o significado de identidade em política*. Cadernos de Letras da UFF — Dossiê: Literatura, língua e identidade, n° 34, p. 287-324, 2008.

MILLS, Charles W. *O Contrato de Dominação*. Meritum. Belo Horizonte, v.8, n°2, p. 15-70, jul/dez, 2013.

_____. *The Racial Contract*. Cornell paperbacks, 1999.

NIETZSCHE, Friedrich. 2005. *O nascimento da tragédia*. Trad. Heloisa da Graça Burati. São Paulo: Rideel.

OLIVEIRA, E. D. *Filosofia da Ancestralidade:* corpo e mito na filosofia da educação brasileira. Curitiba: Editora Gráfica Popular, 2007.

PAEZZO, Sylvan. *Memórias de Madame Satã*. 1° ed. Rio de Janeiro: Editora Lidador, 1972.

PASTINHA, Vicente Ferreira. *"Improviso de Pastinha"*. Organização e Coordenação Editorial, Frederico José de Abreu. Salvador: 2013.

QUIJANO, Aníbal. *Colonialidade do poder e classificação social*. In: SANTOS, Boaventura de Souza e MENEZES, Maria Paula, Epistemologias do Sul. São Paulo: Cortez, 2010.

RAMOS, Alberto Guerreiro. *"A patologia do 'branco' brasileiro"*. *Introdução crítica à sociologia brasileira*. Rio de Janeiro: Editora da UFRJ, 1995.

RAMOSE, Magobe. *Sobre a legitimidade e o estudo da Filosofia Africana*. Ensaios Filosóficos, Rio de Janeiro, v. IV, out. 2011.

RIO, João do. *A alma encantadora das ruas*. [Ed. Especial]. Rio de Janeiro: Nova Fronteira, 2012.

_____. *As Religiões no Rio*. 3° ed. Rio de Janeiro: José Olympío, 2012.

RIVERA CUSICANQUI, Silvia. Ch'ixinakax utixiwa: *Una reflexión sobre prácticas y discursos descolonizadores*. 1ª ed. Buenos Aires: Tinta Limón, 2010.

_____. *La noción de "derecho"o las paradojas de la modernidade postcolonial: indígenas e y mujeres en Bolivia*. Programa Andino de Derechos Humanos — Universidad Andina Simón Bolivar. Aporte andinos n°11. Aportes sobre diversidade, diferencia e identidade. Octubre, 2004.

ROSA, João Guimarães. *Grande sertão: veredas*. Rio de Janeiro: Nova Fronteira, 2001.

RUFINO, Luiz. *Histórias e Saberes de Jongueiros*. Rio de Janeiro: Editora Multifoco, 2014.

_____ ; SIMAS, Luiz Antonio. *Fogo no Mato: a ciência encantada das macumbas*. 1. Ed. Rio de Janeiro: Mórula, 2018.

SANTOS, Boaventura de Sousa. *A gramática do tempo: para uma nova cultura política.* São Paulo: Cortez, 2008.

_____. *Para além do pensamento abissal: das linhas globais a uma ecologia de saberes.* In: SANTOS, Boaventura de Souza e MENEZES, Epistemologias do Sul. São Paulo: Cortez, 2010.

_____. *A crítica da razão indolente contra o desperdício de experiência.* 6ª ed. São Paulo: Cortez, 2007.

SPIVAK, Gayatri Chakravorty. *Pode o subalterno falar?* Belo Horizonte: Editora UFMG, 2010.

SODRÉ, Muniz. *A verdade seduzida.* Rio de Janeiro: DP&A, 2005.3.ed.

_____. *Samba, o dono do corpo.* 2.ed. Rio de Janeiro: Mauad, 1998.

SIMAS, Luiz Antonio. *Pedrinhas miudinhas: ensaios sobre ruas, aldeias e terreiros.* Rio de Janeiro: Mórula, 2013.

SPINOZA, Benedictus de. Ética. Tradução de Tomaz Tadeu. Belo Horizonte. Autêntica, 2007.

TAVARES, Julio Cesar. *Dança de guerra — arquivo e arma: elementos para uma Teoria da Capoeiragem e da Comunicação Corporal Afro-Brasileira.* Belo Horizonte: Nandyala, 2012.

_____. *Colonialidade do Poder, Cooperação Internacional e Racismo Cognitivo: Desafios ao Desenvolvimento Internacional Compartilhado.* In. Afro-Brasil: debates e pensamentos. Org: Jacques d' Adesky e Marco Teixeira de Souza. Rio de Janeiro: Cassará Editora, 2015.

VIVEIROS DE CASTRO, Eduardo. 2002. *A inconstância da alma selvagem e outros ensaios de antropologia.* São Paulo: Cosac Naify.

WALLERSTEIN, Imanueel. *O sistema mundial moderno. Vol. I: a agricultura capitalista e as origens da economia-mundo europeia no século XVI.* Porto: Ed, Afrontamentos, 1974.

WALSH, Catherine. *Interculturalidade, Estado, Sociedad. Luchas (De) coloniales de nuestra época.* Primeira edición: Universidad Andina Simón Bolívar/ Ediciones Abya-Yala, Quito, 2009.

1ª edição	agosto 2019
impressão	rotaplan
papel miolo	pólen bold 70g/m²
papel capa	cartão supremo 300g/m²
tipografia	livory